安徽省哲学社会科学规划重点项目成果
（项目编号AHSKZ2020D42）

英美学者中国武术文化研究概论

卢 安◎著

YINGMEI XUEZHE
ZHONGGUO WUSHU WENHUA YANJIU
GAILUN

图书在版编目（CIP）数据

英美学者中国武术文化研究概论 / 卢安著. — 合肥：安徽大学出版社，2024.9

ISBN 978-7-5664-2806-6

Ⅰ.①英… Ⅱ.①卢… Ⅲ.①武术—文化研究—中国 Ⅳ.①G852

中国国家版本馆CIP数据核字（2024）第025519号

英美学者中国武术文化研究概论
YINGMEI XUEZHE ZHONGGUO WUSHU WENHUA YANJIU GAILUN

卢安 著

出版发行：	北京师范大学出版集团 安 徽 大 学 出 版 社 （安徽省合肥市肥西路3号　邮编230039） www.bnupg.com www.ahupress.com.cn
印　　刷：	江苏凤凰数码印务有限公司
经　　销：	全国新华书店
开　　本：	710 mm × 1010 mm　1/16
印　　张：	12.25
字　　数：	210千字
版　　次：	2024年9月第1版
印　　次：	2024年9月第1次印刷
定　　价：	48.00元

ISBN 978-7-5664-2806-6

策划编辑：葛灵知		装帧设计：李　军	
责任编辑：葛灵知		美术编辑：李　军	
责任校对：范文娟		责任印制：陈　如　孟献辉	

版权所有　侵权必究

反盗版、侵权举报电话：0551-65106311
外埠邮购电话：0551-65107716
本书如有印装质量问题，请与印制管理部联系调换。
印制管理部电话：0551-65106311

技击思想为道家的"舍己从人""引进落空""以柔克刚""守弱"等。其中,最有代表性的当数太极拳。太极拳的指导思想为中国传统儒、道哲学中的太极、阴阳辩证理念,主要包括易学的阴阳五行之变化、中医经络学、古代的导引术和吐纳术,主要功能涵盖颐养性情、强身健体、技击对抗等,主要特征为内外兼修、缓慢、轻灵、刚柔相济。

然而,目前关于中国武术的文献主要聚焦于中国武术的译介和对外传播,从海外视角研究中国武术的文献尚为数不多。卢安博士的这本专著就是朝着这个方向的一种有益的、大胆的学术尝试。该书为促进中国武术文化对外传播、构建中华武术文化的话语权提供了重要的借鉴和参考。

首先,中国武术文化的逆向研究与正向研究互补,可促进共情传播。该书重点在于中国武术文化的逆向研究。目前,中国武术文化正向研究成果颇丰,逆向研究成果偏少。"知己知彼,百战不殆"。我们既要向国外推介和传播中国博大精深的武术文化,又要"借船出海",运用国外已有的素材,通过"第三只眼"来看待中国武术文化。卢安博士选取了八位英美知名的中国武术研究者的研究成果作为具体案例,进行逆向研究,详细描述了英美学者对中国武术的认识、研究视角、主要理论启示。

其次,克服中国武术文化失语症,构建中国武术文化的话语权。第一,将中国武术文化的传播从平民阶层拓展到知识阶层和精英阶层,全方位彰显中国武术文化的影响力。鉴于中国武术文化大都通过电影、电视、小说和网络视频来传播,西方人所接触到的武术并非地道的中国武术,他们对中国武术的认知也相对较为浅表化,其范围大多囿于平民阶层,很难上升到知识阶层的更为学术化的思考。该书详细阐述了八位英美知名学者对中国武术的阐释,可谓借力打力,既化解了中国武术文化国际传播的难题,为中外学者在中国武术研究领域进行深入的学术对话作了铺垫,也提升了中国武术在国外知识阶层中的文化影响力。第二,设置中国武术议题,主动建构中国武术文化的话语权。由于中国武术文化传播的深度和广度均存在较大的提升空间,中国武术文化在某种程度上出现失语现象,中国武术的价值体系和参照标准在世界上难以被接受。鉴于此,我们必须进一步提升中国武术文化的国际话语权。卢安博士提出了提升

序 一

武术是中华优秀传统文化的重要组成部分，也是中国文化对外传播中的一道风景线。

武术已融入中国人的血脉之中。在每一个中国人的心中都有一位武术大师。近代闻名遐迩的武术大师有孙禄堂、杨露禅、董海川、霍元甲、杜心武、叶问，等等。在对外交流过程中，每当我们谈及武术时，国外友人都会提及李小龙。据新华社新媒体评论，李小龙通过电影向世界介绍了中国功夫及其背后的文化和哲思，其中耳熟能详的有截拳道、寸拳、双节棍等。他在功夫电影中所展现的中华文化的自信，数十载后依然影响着许多人。此外，李小龙与其挚友、徒弟和妻子还编写了《基本中国拳法》《咏春拳》《李小龙技击术》《李小龙技击法·基础训练》等，为中国武术在世界上的传播作出了重大贡献。

关于武术，除了李小龙式的功夫，我们中国人往往还会想到武功。武功和武术，二者有相似之处，又有所不同。武功除了指武术，还可指军功。在中国文化范式中，武与文相对应，但二者又不矛盾，可能文能武，文武双全。在中华久远的历史长河中，武术还会让我们想起西汉名将霍去病，南宋抗金名将、诗人岳飞，南宋将领、豪放派诗人辛弃疾，等等。武术是中华民族的重要文化符号，它不仅让人联想到无数文武双全的英雄，还象征着爱国情怀、民族大义，甚至儒、释、道三教合一的文化和中国传统哲学。

中国武术博大精深，蕴含着丰富多彩的中国传统文化，可谓海纳百川，多元一体。中国武术的文化底蕴为儒、释、道等思想，内涵为武术独特的理、法、术、功等理念，指导思想和武德规范为儒家的"仁、义、礼、智、信"，

中国武术研究者国际话语权的具体路径：了解—参与—分享（或主导），帮助中国研究者更好地创设武术议题，主动建构中国武术文化的话语权。

最后，"借船出海"，巧用英美学者之口讲述中国武术故事。十九大报告明确指出，要"加快构建中国话语和中国叙事体系，讲好中国故事、传播好中国声音，展现可信、可爱、可敬的中国形象。加强国际传播能力建设，全面提升国际传播效能，形成同我国综合国力和国际地位相匹配的国际话语权"。因此，我们需要以准确真实的面貌将中国武术推向世界，讲好中国武术故事。

国外学者研究中国武术文化存在三种情形：理解正确、理解偏差和误解。要讲好中国武术故事，我们需要做好三个方面工作。第一，充分利用英美学者中国武术研究的合理之处。中国武术中最重要的是文化和人。该书中八位英美知名学者的中国武术研究都是立体的、生动形象的。我们需要善用其合理部分，并深挖其背后蕴含的中国文化。第二，澄清英美学者的理解偏差。中国武术文化的表现形式往往只能被浅薄地解读，并且西方的思想会被植入。因此，我们要针对性地澄清英美学者的理解偏差。第三，消除英美学者的理解错误。英美学者对中国武术文化也存在一些误解和偏见，因此，我们不能全盘照搬，而要合理扬弃，为我所用。

习近平总书记在亚洲文明对话大会开幕式主旨演讲上指出："坚持美人之美、美美与共。每一种文明都是美的结晶，都彰显着创造之美。一切美好的事物都是相通的。"在传播中国武术文化过程中，我们需要博采世界各国体育文化之长，不断丰富和发展中国武术文化。一方面要守正，大力弘扬传统的武术文化、发挥传统武术的强项；另一方面要创新，要汲取泰拳、跆拳道、柔道、拳击等体育项目中的元素，有机融入中国武术。中国武术话语研究方兴未艾，中国武术文化必将更加繁荣。

汪少华

南京师范大学教授、博士生导师

2023年秋写于南京

为在最能代表中国文化的项目中，中国武术一直位居前列。在学术界，一些史学家、人类学家、文化学者也渐渐明白"不懂武术，无以知中国"，继而不少国外的学者也逐渐将中国武术纳入研究视野。国内武术界的专家学者虽然在不同的场合表达了想要了解海外中国武术研究的愿望，如邱丕相、蔡仲林、戴国斌等人都曾在他们的研究论文或学术会议发言中表达了对国外同行研究的跟踪研究所寄予的厚望，但是遗憾的是，直至当前，国内相关研究的实际行动仍处于尝试探索阶段，相关研究的著述极少，对西方学者的相关研究了解依然十分有限。偶有国内学者尝试对国外武术研究进行综述，但是缺少长时段、系统的梳理，而且往往只关注国外学术界对武术（尤其是太极拳）的健康促进作用的研究，忽视或轻视西方学者对中国武术的人文解读；有的研究倾向于大数据的科学计量分析或受众市场调查，深度的人文分析明显不足。近年来，有学者对国外中国武术研究的学术会议进行了跟踪评述，对国外从事中国武术研究的专家学者进行了访谈，但是成果寥寥。有国内学者对国外学者的中国武术人文研究进行了个案探讨，但是学术史的脉络尚待厘清。面对被誉为"中国文化名片"和"哲拳"的中国武术，国外学界研究的视角、方法和结论是什么，对此我们了解得还不够全面。

可见，中外学者对中国武术的研究，就像中国武术各家各派与生俱来的特点一样，"你练你的那一套，我练我的这一套"。从社会学角度来看，这种现象造成"人欲知我，而我不知""国外学者对中国武术研究如火如荼，而中国国内学者对此毫不知情"的尴尬局面。国外有学者对中国武术感兴趣并不断有研究成果问世，这是件好事，而且多多益善，因为这是中国文化软实力提升的体现。对此，中国学者应该有文化自信。但是，如果国外的研究缺少中国本土学者的回应，对于中国来说无疑就丧失了学术传播的大好机会。

作为中国文化名片之一，武术在国际上的流传，一直以来走的是大众化路线，忽视了另一条具有更深层次影响力的学术路线，因而国内学者在国际学术圈中的话语权受限，继而使得中国武术国际传播仅限于大众群体内浅层次的技术展示或传授，尚未能够在国外知识界发挥深层次的文化影响。中国武术国际化的路线应该是由技术到文化，最终从文化上影响国外受众，这也是本研究的初衷。

　　基于对上述问题的考虑,本书选取英美两国的八位知名中国武术研究的学者,以他们的研究成果为研究对象进行跟踪研究,目的在于弄清楚英美学者如何认识中国武术、他们研究中国武术的视域在哪里、通过对中国武术的研究他们发现了什么、他们的研究对中国武术研究的理论和实践有什么启示等,以期为中外学者在中国武术文化研究领域筑起一条学术沟通的对话渠道,从而为在国外知识界提高中国文化影响力奠定基础。

　　需要说明的是,在众多的研究者中,本书选择这八位学者不是因为他们具有代表性,而是因为他们具有典型性。关于案例的选择,研究者常会受到"是否具有代表性"的诘问。曾东霞、董海军①通过对相关文献的梳理,发现目前个案研究代表性学者主要观点有三:其一,认为个案研究所从属的人文主义方法论决定了个案研究不一定要求个案具有代表性,代表性是对量化研究的要求,把量化研究的代表性问题无条件地强加到个案研究身上是错误的导向,是对个案研究方法的逻辑基础的一种误解②。个案不是统计样本,没有明确的总体边界,所以个案代表性问题是个"虚假命题"。其二,认为不同类型的个案研究的代表性问题不同,应区别视之。由于质性研究和定量研究的目标不同,两者的取样标准也不同,因此对代表性的要求也不同。有的研究,例如以积累资料为目的的探索性个案研究,就没有代表性的要求,但是不能因此轻视这类研究,因为"通过对某些鲜为人知的个案的描述,可以揭示某种隐秘现象、新鲜事物或发展趋势,消除人们的认识盲区,扩大人们的视野,甚至可以对某种刻板认识或片面的话语霸权进行挑战。尽管这一类个案研究不具备'总体代表性',它们却具有重要的认识功能"③。其三,认为可以从部分与整体的关系来

---

① 曾东霞、董海军:《个案研究的代表性类型评析》,载《公共行政评论》,2018年第5期,第158~170、190页。
② 学者Leach、王铭铭、王宁、吴毅、吕涛等都持有这样的观点。详见Edmund Leach, *Social Anthropology*. London: Fontana, 1983;王铭铭:《小地方与大社会——中国社会的社区观察》,载《社会学研究》,1997年第1期,第88~98页;王宁:《代表性还是典型性?——个案的属性与个案研究方法的逻辑基础》,载《社会学研究》,2002年第5期,第123~125页;吴毅:《何以个案 为何叙述——对经典农村研究方法质疑的反思》,载《探索与争鸣》,2007年第4期,第22~25页;吕涛:《回到个案事实本身——对个案代表性问题的方法论思考》,载《兰州大学学报(社会科学版)》,2016年第3期,第20~28页。
③ 王宁:《个案研究的代表性问题与抽样逻辑》,载《甘肃社会科学》,2007年第5期,第1~5页。

序 二

　　中国武术门派众多，源远流长，博大精深。要想研究中国武术，先要从武术的定义开始，也就是说什么是中国武术？这个问题，相对来说还是比较复杂的，别说是外国人，就是一般的中国人都不一定能够搞清楚！

　　"武术"在史料中被称作"技击""武艺"或"技勇"等。民国时期普遍使用"国术"或"武术"两种名称。1932年民国政府教育部公布的《国民体育实施方案》将"国术"定义为"我国民族固有之身体活动方法，一方面可以供给自卫之技能，一方面可作锻炼体格之工具"[①]。那时候武术被称为"国术"，其作用主要是强身健体、防身自卫。中华人民共和国成立后，将"国术"改为"武术"，并对其作用和功能进行了拓展，同时将其提升为一项民族文化遗产。1961年的《体育学院本科讲义 武术（上）》中指出：武术是以拳术、器械套路和有关的锻炼方法所组成的民族形式体育。它具有强筋壮骨、增进健康、锻炼意志等作用，也是我国具有悠久历史的一项民族文化遗产。[②] 后来，受到"唯技击论"的影响，1985年第2版《武术（上册）》教材将"武术"定义为"是以踢、打、摔、拿、击、刺等技击动作为素材，遵照攻守进退、动静疾徐、刚柔虚实等格律组成套路，或在一定条件下遵照一定的规则，两人斗智较力，形成搏斗，以此来增强体质、培养意志、训练格斗技能的体育运动。"[③] 也就是说，只有武术套路这一种运动形式得到发展。这也是外国人只把武术套路视为中国

---

① 吴蕴瑞：《国民体育实施方案》，转引自上海体育学院编：《吴蕴瑞文集 文章卷（上）》，上海：上海人民出版社，2022年，第103~106页。

② 体育院校教材编审委员会武术编选小组编：《体育学院本科讲义 武术（上、中、下）》，北京：人民体育出版社，1961年，第6页。

③ 体育院、系教材编审委员会《武术》编写组编：《武术（上册）》，北京：人民体育出版社，1985年，第1页。

武术的主要原因。改革开放后，20世纪90年代至今，武术类著述大多沿用如下定义，即武术是"以技击动作为主要内容，以套路、格斗、传统功法为运动形式，注重内外兼修的中国传统体育项目"。

中国武术不断发展，已经从国内逐步传播到国外。中国武术界举办了多次世界武术锦标赛。中国武术也加入了综合性国际大赛，如亚运会、青奥会，甚至准备加入夏季奥林匹克运动会。然而武术、太极拳、散打（散手）等术语在英语中一直以来都没有统一的译名，如武术的译名有 Chinese martial arts、wushu、Wu Shu、Kung Fu、gongfu、Gong Fu，太极拳的译名有 tai ji、tai chi、taijiquan、tai chi chuan、tai ji quan、t'ai chi、shadow boxing，散打的译名有 sanda、sanshou、San Shou、free combat、free fighting 等。

这就造成外国人对武术体系认知的混乱，对武术的对外传播和发展形成很大的阻力，这也是武术几次申奥未果的主要原因。另外，还有一个原因就是国内武术领域的高水平科研论文和专著没有得到国外学者的认可，国外学者对武术的研究也没有得到国内学者的关注，没有形成良性互动。这容易造成中国武术的关键知识在传播时被误读或曲解。长时间的误读得不到纠正，就容易以讹传讹，对中国武术的发展和传播造成影响。

本书作者卢安博士根据英美学者对中国武术的研究进行全面的人文透视，深刻地揭示了这一现象的本质，为中国武术的传播提供了新的视角。该书有助于在学术领域进一步扩展中国武术的影响力，从而为中国武术在国际上的传播和进入奥运会项目奠定一定的基础。愿卢安博士能够为中国武术的发展作出更大的贡献！

姜传银

上海体育学院教授、博士生导师

2023年秋于上海

前　言

外国人说："要想了解中国人的人生观和处事方式，你就去研习中国武术。"

中国人说："中国武术博大精深，外国人研究不透。"

中国武术融合中国的哲学、医学、伦理、宗教、军事、艺术，表现出中国人特有的人文精神、哲学智慧、审美观念、思维习惯、行为方式等。甚至中国人的日常话语，都处处渗透着中国武术的文化基因。汉语中关于各类武术的表达比比皆是。例如，当我们称赞某人武艺高强时，可以用"出神入化""登峰造极"；形容形势紧张或搏斗激烈时，可以用"剑拔弩张""刀光剑影"；描述争论问题的激烈程度时会使用"唇枪舌剑"；目的明确叫"有的放矢"；说话有时候"刀子嘴豆腐心"，有时候"单刀直入"；有的人"笑里藏刀""含沙射影"，有的人"口蜜腹剑""两面三刀"；改革要"大刀阔斧"，干事要"真刀真枪"，竞争中要留有"杀手锏"，破僵局要"打好组合拳"，为朋友要"两肋插刀"，等等。可见，研习中国武术的确不失为了解中国人的人生观和处事方式的一种途径。

诚然，作为一种身体活动和一个独特的人体文化符号，中国武术因深受儒、释、道思想的浸染而博大精深。在武术的学习和实践方面不仅要求掌握复杂而系统的技术体系，更强调唯物辩证的思想体系和惩恶扬善的伦理体系。比如，就技术体系而言，中国武术动作一般讲究重心下沉、内聚收敛的"占中求圆"，据说这是农耕民族文化中"恋土归根"情怀的表现。就思想体系而言，中国武术的方法论基础是古典哲学的元气论和阴阳五行论，这是农耕文化"天人合一"观念的表现。就伦理体系而言，中国武术的基本战略选择是礼让一步、后发制人、有理有利有节、稳字当头、"弱者战略"，这是农耕文化"守土有责"原则的表现。中国武术是名副其实的 MMA（Mixed Martial Arts，综合格斗术）。习练目标不是战胜对手而是超越自己，最理想的结果是"不战而屈人之兵"。习练方式讲究"行立坐卧都是练拳"。实战讲究"示形造势、随机就势、借力打力、扬长避短、舍己从人、引进落空"，遵循"黑猫白猫，逮到老鼠就是好猫"的原则。可见，中国武术独特的身体文化对于外国人来说的确不易理解。

然而，国外试图了解中国的努力自古以来就没有停止过。国内学界称外国人研究中国的学问为汉学。自 1582 年意大利传教士利玛窦（Matteo Ricci）初入中国国土以来的数百年里，西方汉学呈星火燎原之势，且愈燃愈烈。起初的重心是游记汉学，后来是典籍中的中国，如今早已突破传统的文史哲范畴，深入中国政治、社会、经济、中医、体育、外交等诸学科，几乎涉及中国所有的领域。在国外学界，仅 21 世纪伊始，就有众多研究者以中国武术为主要学术阵地，对中国和中国人展开更为深入的研究。例如，以亚当·弗兰克（Adam D. Frank）、本杰明·贾金斯（Benjamin Judkins）、保罗·鲍曼（Paul Bowman）等为代表的欧美学者表现非常活跃，纷纷以出版专著、发表学术论文、举办学术会议、创建学术博客等方式展示西方学者的中国武术研究成果。这些成果在国外学术界产生了较大的影响。西方学者对中国武术表现出浓厚的研究兴趣，但是他们的研究立足点和成果指向往往不是武术运动本身，而是通过研究中国武术来探究中国社会的机理、中国人的思维模式和行为方式。中国武术文化研究已然成为西方世界了解"中国性"（Chineseness）的"第三只眼"。

有了解，才有可能进行交流；有交流，才有可能产生信任。讲好中国故事，让世界了解中国，也正是我们的心之所求。当前，西方学者对中国的史学、易学、儒学、文学、兵法等经典理论著作进行了较为细致、系统的研究，中国学者的文化意识和文化自觉明显增强，对国外汉学界的上述研究也都积极地进行了跟踪研究，有了专门的学术期刊《国际汉学》，取得了较为丰硕的研究成果。随着全球化的进一步深入发展，大国崛起将中国推向世界舞台的中央。据《中国国家形象全球调查报告》显示，2013 年至 2021 年连续 9 年，海外受访者认

前 言

认识个案，从而回答了代表性与一般化的诘问①。基于以上学界的观点，本书采纳第一个观点，不强求代表性，而是从典型个案入手，以求"以小见大"之效。本书选取的八位学者，索菲亚·德尔扎是英语世界第一本太极拳专著的作者，斯坦利·亨宁是独立学者，本杰明·贾金斯是政治学博士，亚当·弗兰克是人类学博士，皮特·洛奇是历史学博士，保罗·鲍曼是文化学博士，斯蒂芬·塞尔比是政府官员，卢克·怀特是艺术学博士，他们凭着各自学科的素养，取道中国武术来研究中国人和中国文化，极具典型性，具备由个案上升到理论的逻辑基础。研究他们的著作既能探寻国外中国武术研究的共性，又能揭示不同研究者的独特性。

本书是安徽省哲学社会科学规划重点项目（项目编号 AHSKZ2020D42）成果，同时获淮北师范大学学术专著出版资助，在此对支持本书出版的专家、老师表示感谢。

鉴于本人学术素养有限，书中难免有疏漏和不妥之处，敬请专家、学者批评指正。

卢　安

2024 年 3 月

---

① 卢晖临、李雪：《如何走出个案——从个案研究到扩展个案研究》，载《中国社会科学》，2007 年第 1 期，第 118~130 页；王富伟：《个案研究的意义和限度——基于知识的增长》，载《社会学研究》，2012 年第 5 期，第 161~183、244~245 页。

目 录

第一章 英语世界中国武术研究的宏观梳理 …………………… 1
    第一节 英语世界中国武术研究的发文量趋势分析 ………… 3
    第二节 英语世界中国武术研究的研究者主体分布 ………… 8
    第三节 英语世界中国武术研究的视域分布 ………………… 12
    第四节 英语世界中国武术研究的历时性特征分析 ………… 28

第二章 索菲亚·德尔扎的中国武术研究 …………………… 35
    第一节 索菲亚·德尔扎的生平 ……………………………… 36
    第二节 美国太极拳开拓者——索菲亚·德尔扎 …………… 37
    第三节 索菲亚·德尔扎的中国武术观 ……………………… 39
    第四节 小 结 ………………………………………………… 43

第三章 斯坦利·亨宁的中国武术研究 ……………………… 44
    第一节 斯坦利·亨宁的生平 ………………………………… 44
    第二节 斯坦利·亨宁的中国武术观 ………………………… 45
    第三节 小 结 ………………………………………………… 52

第四章　本杰明·贾金斯的中国武术研究 …… 53
第一节　本杰明·贾金斯的学术背景和治学取向 …… 54
第二节　本杰明·贾金斯对中国武术研究信息点的捕捉 …… 56
第三节　本杰明·贾金斯的中国武术观 …… 61
第四节　小　结 …… 66

第五章　亚当·弗兰克的中国武术研究 …… 67
第一节　亚当·弗兰克的学术背景和治学取向 …… 68
第二节　《太极拳和寻找中国小老头：透过武术理解身份》：
武术中的身份蕴含 …… 69
第三节　中国武术身份研究的蔓延 …… 77
第四节　小　结 …… 79

第六章　皮特·洛奇的中国武术研究 …… 81
第一节　皮特·洛奇的学术背景和学术成就 …… 81
第二节　《中国武术：从古代到 21 世纪》：
不一样的中国武术史 …… 82
第三节　皮特·洛奇的中国武术观 …… 89
第四节　小　结 …… 92

第七章　保罗·鲍曼的中国武术研究 …… 94
第一节　保罗·鲍曼的学术背景和治学取向 …… 95
第二节　《理论化李小龙：电影、狂热、格斗、哲学》：
武术人的文化遗产 …… 97
第三节　保罗·鲍曼的"武术学"构想与行动 …… 112
第四节　小　结 …… 117

第八章　斯蒂芬·塞尔比的中国武术研究 ……………… 119
第一节　斯蒂芬·塞尔比的学术背景和治学取向 ……… 120
第二节　《射书十四卷》：射艺里的中国智慧 …………… 121
第三节　小　结 …………………………………………… 132

第九章　卢克·怀特的中国武术研究 …………………… 134
第一节　卢克·怀特的学术背景和学术成就 …………… 135
第二节　《无战之战：功夫电影的西行之旅》：
　　　　　功夫的政治运作 …………………………… 136
第三节　小　结 …………………………………………… 146

第十章　英美学者中国武术研究的启示 ………………… 149
第一节　对中国武术学科发展的启示 …………………… 150
第二节　对中国武术国际话语权的启示 ………………… 152
第三节　对中国武术现代化发展的启示 ………………… 154
第四节　对中国武术全球化传播的启示 ………………… 156
第五节　对中国武术科学研究的启示 …………………… 157

第十一章　结　语 ………………………………………… 160

参考文献 …………………………………………………… 167

第一章　英语世界中国武术研究的宏观梳理

第一章
英语世界中国武术研究的宏观梳理

1961年，美国人索菲亚·德尔扎（Sophia Delza）的《太极拳：身心和谐之道》（*T'ai Chi Ch'üan: Body and Mind in Harmony*）面世。这是英语世界第一本具有现代出版意义的英文版太极拳著作，算起来距今已有60余年[①]。德尔扎女士是美国太极拳运动兴起的开拓者，关于她的事迹本书后文将作详细介绍。就学术史而言，60年时间不算长。正如美国学者皮特·洛奇在其著作《中国武术：从古代到21世纪》（*Chinese Martial Arts: From Antiquity to the Twenty-first Century*）一书的前言中所说：中国武术是一门古老的艺术，却是历史书写的新领域[②]。但是，在这短短60余年中，无论是从英语世界相关学术期刊的论文发表量，还是从相关的学位论文产出量，抑或是从相关学术专著的发行量来说，总体呈现递增的趋势。本章主要采用定量研究和定性研究相结合的方法，从英语世界的学术期刊论文、英语世界的学位论文和英语世界的学术专著三方面入手，综合描述英语世界中国武术研究的概貌，力图较为清晰地勾勒出英语世界中国武术研究的全景图，为接下来的个案研究作铺陈。

需要特别说明的是，文献检索和收集也是本书要解决的难题之一，究其

---

① 据美国学者贾金斯的研究，英语世界第一本具有现代出版意义的中国武术专著应首推 Sophia Delza, *T'ai Chi Ch'üan: Body and Mind in Harmony* (New York: David McKay Co., 1961)。在此之前，例如 1947 年在上海出现的英文版太极拳简单合页，无出版社和出版日期，并非现代出版意义上的专著。

② Peter A. Lorge, *Chinese Martial Arts: From Antiquity to the Twenty-first Century* (Cambridge: Cambridge University Press, 2012), p.21.

原因是中国武术等术语在英语世界中的译名太多。众所周知，同样来自东方的跆拳道和空手道在国际上推广得都比较成功，跆拳道在英语世界的统一译名为 Taekwondo，空手道的统一译名为 Karate。相异于跆拳道和空手道，中国武术、太极、散打（散手）等术语一直以来都没有统一的译名。例如，中国武术的译名有 Chinese martial arts、wu shu、wushu、kung fu、kungfu、gong fu、gongfu，太极拳的译名有 tai ji、tai-ji、tai ji quan、taijiquan、tai chi、tai-chi、t'ai chi、tai chi chuan、shadow boxing，散打的译名有 san da、sanda、san shou、sanshou、free combat、free fighting。此外，由于认知上的差异，有些外国人并不把太极拳归属于中国武术体系，有些人也并不认可散打属于中国武术体系。比如，美国每年举行的武术功夫比赛，比赛的项目又分为功夫、太极拳和推手、散手和武术[①]。从名称的设置上可以明显地看出，在美国人的心目中，武术是武术，功夫是功夫，太极拳是太极拳，散手是散手，它们各成系统、各自独立，并不是谁等同于谁，谁包含谁的关系。关于这一点，笔者从资深美国功夫武术大赛的组织者、世界太极科学联合会执行主席、美国武术联合会副主席李书东博士那里得到确认[②]。正是译名的多样性和中外人士在武术概念认知上的差异性[③]，决定了我们在数据库或搜索引擎上检索英语世界中国武术研究的成果时，必须综合考虑各方面的因素，不能简单地用一两个关键词一搜了事。如果那样的话，注定会挂一漏万，得出偏离事实的结论。因此，考虑到上述原因，本书在目标数据库和搜索引擎上（主要包括 WOS 数据库、PQDD 数据库、

[①] 杨啸原：《国外武术市场的现状及其成因探究》，载《武汉体育学院学报》，1998年第2期，第12~14页。
[②] 李书东于1994年赴美工作，曾先后担任王西安拳法研究会美国分会会长、美国国家太极养生基金会会长、美国国家武术队选拔赛暨美国国际武术锦标赛执行长、美国健身气功总会主席与美国航空运动协会主席，2018年获上海体育学院博士学位。
[③] 本书也对太极拳以外的拳种进行了认知上的验证，比如以咏春拳、八卦掌、少林拳、梅花拳等为关键词或主题词进行搜索，检索结果基本上囊括在"武术"或"功夫"检索的结果里面。这说明国外人士基本上认可这些拳种属于武术或功夫系列，因此笔者只把太极拳作为一个特殊拳种单独进行搜索，而没有把其他国外流行的拳种拿出来分别检索。

第一章 英语世界中国武术研究的宏观梳理

Google Scholar、Google Books、Amazon Books 等）①分别使用不同的关键词分若干次检索，然后再逐个进行相关性和重叠性排查，得出的最终结果作为本书的研究对象。

第一节 英语世界中国武术研究的发文量趋势分析

一、期刊论文的发文量

（一）研究路径

相对于学术专著来说，学术期刊论文更能较快地反映出学术前沿问题，纵向考查学术期刊的发文量也可以得出学术界对于某些问题的关注度。为了便于更好、更全面地反映出英语世界期刊论文中刊发的关于中国武术的研究成果，本书选用了 Web of Science 的学术研究数据库。该库是当今全球学术研究不可或缺的科学引文索引服务平台。笔者根据自己的研究目的选取该平台的核心合集（Web of Science Core Collection: Citation Indexes），该合集包括三大数据库，分别是科学引文索引（SCI-EXPANDED，主要覆盖 1945 年以来的自然科学研究成果）、社会科学引文索引（SSCI，主要覆盖 1980 年以来的社会科学研究成果），以及新兴源引文索引（ESCI，主要覆盖 2015 年以来新兴资源的研究成果）。

检索格式设定如下：

主题(TOPIC)：("Chinese martial arts" OR "wushu" OR "wu shu" OR "kungfu" OR "kung fu" OR "gongfu" OR "gong fu"), ("tai ji" OR "tai chi" OR "tai-ji" OR "taijiquan" OR "tai chi chuan" OR "tai ji quan" OR "tai-chi" OR "t'ai chi" OR "shadow boxing"), 以及关键词（"sanda" OR "san da" OR "sanshou" OR "san shou" OR "free combat" OR "free fighting"）。

---

① Web of Science 是全球获取学术信息的重要数据库，包括自然科学、社会科学、艺术与人文领域的信息，来自全世界近 9 000 种具有较大影响力的学术期刊。PQDD 是目前世界上使用最广泛的学位论文数据库之一。Google Scholar 是一个可以免费搜索学术文章的网络搜索引擎，能够帮助用户查找包括期刊论文、学位论文、书籍、预印本、文摘和技术报告在内的学术文献，内容涵盖自然科学、社会科学等多种学科。Google Books 可用来搜索并预览来自全球各地图书馆和出版商的千百万册图书。

3

DOCUMENT TYPES: ARTICLE

LANGUAGES: ENGLISH

TIMESPAN: ALL YEARS（19450101—20220101）

综合考虑武术术语英译的多样性和中外人士对武术概念范畴认知的差异性，本书先后分三组（武术、太极拳、散打）进行检索，先由软件自动筛选出结果，然后对主题相关性和重复性进行人工排查，比如输入主题词 wushu、wu shu，在显示的结果中有可能指的是"巫术"，需要删除。再比如输入 taichi、tai-chi 或 t'ai chi，显示的检索结果有可能指的是光学研究的物质，也需要删除。还有可能，武术组和太极拳组检索出来的结果是同一篇文章，也要排查。把在软件筛选和人工排查之后得到的结果作为研究对象，用作该板块的统计分析。

（二）研究结果

1. 武术组期刊论文发文量

以"武术"为主题的检索结果，经人工筛选后得到 468 篇。最早的一篇是《历史视角下的中国武术研究》（"The Chinese Martial Arts in Historical Perspective"），发表于 1981 年，该文的作者是原美军太平洋司令部的国际关系顾问、中国武术研究专家斯坦利·亨宁（Stanley E. Henning，本书后面有专门章节介绍他）。在该篇论文发表之后的多年时间里，英语世界以中国武术为主题的研究始终没有多大起色，有的年份甚至没有论文成果入库。由此可见，20 世纪 70 年代至 80 年代由李小龙主演的系列功夫片和由李连杰主演的电影《少林寺》所掀起的所谓世界范围内的功夫热，只是大众层面上的热度，并没有引起学术界的多少兴趣。直到 2007 年，英语世界的中国武术研究成果才在数量上有所突破，连续两年维持 5 篇的入库量。这可能与中国政府想借助于 2008 年的北京奥运会推进武术成为奥运项目而做的宣传有一定的关系。2008 年过后，基本上每年平均有 3 篇以上的入库量，但是单个年度都没有超过 5 篇。这种状况持续到 2017 年止，2018 年突然猛增到 19 篇。2021 年入库量高达 45 篇。

2. 太极拳组期刊论文发文量

以"太极拳"为主题词的检索结果，经人工筛选后得到 3 493 篇，最早的发表时间同武术组第一篇的发表时间一样，也是1981年，当年太极拳组论文入库2篇，分别发表在《美洲中国医学杂志》(American Journal of Chinese Medicine)第1期和《中华医学杂志》(Chinese Medical Journal)第9期上。而整个20世纪80年代总共仅有8篇论文入库，到了20世纪90年代论文发文量总数达到35篇。进入21世纪之后，太极拳研究论文数量突增，仅前10年，期刊论文入库的数量就达211篇。2011年至2017年入库总数再创新高，达到365篇，到2019年之后，几乎每年都有300篇以上的太极拳研究论文入库。由此可见，英语世界的太极拳研究势头强劲，太极拳在国外学术界已经具备较大的影响力。

3. 散打组期刊论文发文量

以"散打"为主题词的检索结果，经人工筛选后得到33篇。英语世界最早一篇关于散打的研究论文发表在2013年第1期的《运动科学与健身》(Journal of Exercise Science & Fitness)上。2021年开始，英语世界年度散打研究论文的发文量突破2位数，达到14篇。散打，又名"散手"，是中国武术的重要组成部分，但是它作为现代竞技体育项目开展的时间还不长。虽然在世界范围内参加了世界武术锦标赛、世界青少年武术锦标赛等，但是散打并没有引发西方学界的广泛兴趣。当然，赛事起步晚也是一个重要的原因。当其他赛事，如拳击、泰拳、跆拳道、空手道等已经非常成熟之后，散打进入格斗类赛事项目的文化特征并不明显，自然也引起不了太多的关注。但是英语世界的知名期刊也接受了此类的文章，说明未来的散打研究前景还是大好的。2021年单年度集中入库数量达14篇之多，这就是证明。

二、学位论文的产出量

(一) 研究路径

本书所指的学位论文是硕士研究生和博士研究生的学位论文，简称"硕博论文"。硕博论文的研究趋势可以反映出某时期学术界和社会的研究热点、时代命题，也可以揭示一些学科领域内亟待解决的问题和发展方向。对硕博论文进行分析研究，可以从侧面发现研究者在本门学科基础理论知识上的广度和深度，也能够发现研究者独立从事某领域科学研究工作的能力和潜力。为了清晰地再现英语世界的硕博论文对中国武术研究的关注，笔者对 ProQuest 数据库进行检索。本书之所以以 ProQuest 学位论文全文库 PQDD 中收录的有关中国武术的硕博论文为研究对象，是因为 PQDD 是世界著名的学位论文数据库，该数据库收录了1861年以来的北美论文及加拿大论文。此外，英国的学位论文从1988年1月起被收录在库。目前，主要收录了来自欧美国家2 000 余所知名大学的优秀硕博论文，涉及文、理、工、农、医等多个领域，是学术研究中十分重要的信息资源。

检索仍然分成三组进行，三组主题词与期刊论文检索词相同。
LANGUAGES: ENGLISH
TIMESPAN: ALL YEARS（19450101—20220101）

三次检索结果累积之后，又逐个进行相关性排查，最终得到武术组的硕博论文31篇、太极拳组的硕博论文54篇，共计85篇。其中，包括中国香港地区的大学硕博毕业论文9篇。需要说明的是，以散打为主题词没有检索到硕博论文，说明英语世界对散打方向的学科教学和研究暂未在研究生培养层面展开。

（二）研究结果

从英语世界有关中国武术研究的硕博论文年度入库量来看，2000年之前论文总量屈指可数，2000年至2021年，欧美高校每年基本上有2篇或2篇以上的产出量，2006年只有1篇，但是2011年和2012年达到每年7—8篇的高入库量。之后，2013年至2016年，入库量均稳定在每年3篇，2020年有2篇的入库量。但从整体趋势来看，英语世界关于中国武术的硕博层次的研究一直不温不火，论文年度入库量没有明显的突变。但是，可以看到随着全球人口老龄化和慢性病的流行，欧美研究生选择以太极拳为代表的中国武术在治疗未病和慢性病方面的疗效作为研究方向的人数越来越多，关于这方面的深入研究值得期待。更为值得一提的是，英语世界中最早的1篇关于中国武术的学位论文是加利福尼亚大学洛杉矶分校的博士生丹尼尔·迈尔斯·阿莫斯（Daniel Miles Amos）于1983年完成的博士论文《社会边缘化和英雄武艺：港穗两地的武术家研究》(*Marginality and the Hero's Art: Martial Artists in Hong Kong and Guangzhou*)。这篇博士论文为之后英语世界的中国武术研究打开了一扇十分宝贵的窗口。

三、专著的出版发行量

专著和论文同样都是研究成果的主要载体，但是一般来说，自然科学的基础性研究的主要成果载体是论文，而在人文社会科学研究中，专著的分量更重一些[①]。这是由学科属性决定的，当然即使在自然科学技术或人文社会科学内部各学科和研究领域中，专著与论文的偏向也会各有所属。因此，进行统计和学术评价的时候，不能不加区分地认为是专著重要还是论文重要。在武术研究中，专著和论文二者不可或缺。

相比较期刊论文和学位论文，专著的统计最为复杂，因为目前尚无比较完备的专著书目查询数据库。目前英语世界查询书目使用较多的平台是 Google Books 和 Ureader 两大数据库。Google Books 拥有海量的图书信息，截至 2015 年 10 月，美国高校图书馆的图书扫描数量已超过 2 500 万册，但是由于缺乏专业的编辑整理，冗余信息繁多，仅输入 Chinese martial arts，就秒现 19.3 万条信息（用时 1.14 秒），大量重复和不相关的链接无法统计。Ureader 是专业的外文原版电子图书综合提供平台，依托欧美主要的出版商，覆盖欧美 5 000 余家出版机构，涵盖了工业技术、生物科学、医学、财经、文学、历史、地理等各个学科。但是，经笔者试用，并没有查到笔者已知的书目。因此，Ureader 也并非理想的专业图书检索平台。经过实际比较，笔者认为使用英文网购平台 Amazon Books 检索相对较好，一是书目比较齐全，二是新书上架及时。笔者输入武术、太极拳和散打的关键词，并将类别设为 Printed books，语言限定为 English，共查到书目 845 条。经人工相关性排查，得到相关书目 306 条。为了尽量减少遗漏，笔者又根据部分国外专家的建议进行经典文献追踪，即根据已知的国外武术研究专著的参考书目进行累积补充，最终得到英语世界中国武术研究专著 353 本。其中，20 世纪 80 年代

---

① Qian Ge, "Books or articles: which are more important in the scientific evaluation of different disciplines," *Current Science* 109, No. 11 (2015): 1925~1928.

之前14本,20世纪80年代19本,20世纪90年代61本,2000年至2010年101本,2011年至今158本[①]。可见,进入21世纪之后,英语世界中国武术研究专著的出版发行进入了快车道,平均每年都在以10余本的数量增长,这也是中国武术的国际影响力不断提高的又一证据。

第二节　英语世界中国武术研究的研究者主体分布

一、学术期刊论文作者分布

英语世界中国武术研究者的分布反映的是中国武术影响力的区域国别差异。理论上来说,某个国家或地区研究中国武术的人员越多,研究成果产出越多,中国武术在该国或该地区知识阶层中的影响就越大。此处需要说明的是,本书中学术期刊论文作者包括每一篇论文的所有作者,即包括第二、三、四作者等,不特指第一作者或通讯作者。

笔者对所收集的期刊论文作者进行统计分析。

(一)武术组期刊论文作者分布

在以"武术"为主题词搜到的468篇关于中国武术研究的英文期刊论文中,大部分论文的作者来自中国,其次是美国和巴西,均有11篇论文入库,接着是澳大利亚、新加坡和波兰,分别有6篇、5篇和4篇论文入库,其余零星散布在其他各国,但是入库量均没有超过3篇。首先值得一提的是巴西,南美洲最大的国家,对中国武术感兴趣并加以学术研究的人相对来说不算少。其次值得一提的是澳大利亚和波兰,这两个国家能够在中国武术研究上异军突起,也是我们之前所没有预料到的。虽然从入库的总体数量上看,各国篇数并不算多,但是涉及的国家比较广,如捷克、荷兰、突尼斯、南非等国家均有人在研究中国武术,并且有较高质量的研究成果在英语世界的期刊上发表。这说明中国武术在全球化的趋势下,发展前景较好。

---

① 此处的数据是笔者于2018年在德国访学期间收集统计的,现在的数量可能更多。

第一章　英语世界中国武术研究的宏观梳理

（二）太极拳组期刊论文作者分布

在以"太极拳"为主题词搜到的3 493篇英语世界期刊文章中，亚洲主要集中在东亚的中国（包括港澳台地区）（294篇）、韩国（35篇）、日本（13篇）；西亚的以色列、伊朗、土耳其、沙特；东南亚的泰国、马来西亚、新加坡；南亚（包括印度、巴基斯坦等）和中亚（包括哈萨克斯坦和乌兹别克斯坦等）几乎无人问津。美洲主要集中在北美洲的美国（277篇）、加拿大（41篇）；南美洲的巴西；拉丁美洲的墨西哥。大洋洲主要集中在澳大利亚（54篇）和新西兰。欧洲主要集中在北欧的瑞典（6篇）和挪威；中欧的波兰（10篇）、德国、瑞士、捷克等；西欧主要集中在英国（26篇）、法国、荷兰、比利时、爱尔兰；南欧主要集中在西班牙（7篇）和意大利。非洲几乎无人问津。对于以上统计结果，笔者也曾经有所怀疑，为什么太极拳这样优秀的拳种在南亚、中亚和非洲没有人去研究？他们对太极拳不感兴趣吗？毕竟我们的留学生拳友中也不乏南亚人、中亚人和非洲人。与相关人士的访谈交流之后，大家一致认为：没有期刊论文发表不能说明没有人研究，其原因也可能是没有英文成果，不排除有其他外文著作。

（三）散打组期刊论文作者分布

在以"散打"为主题词搜到的33篇英语世界期刊论文中，大部分论文作者来自中国，一部分来自韩国和伊朗。这说明国外学术界对于散打的研究兴趣不大，散打在英语世界的学术影响力还有待提高。当然，散打研究起步较晚也是一个重要原因。虽然中国散打的研究者在英语世界中似乎在唱独角戏，但是他们积极探索，力图在英语世界的学术界中分享研究成果、发出声音的尝试值得赞赏和推崇。

二、硕博论文培养单位及导师分布

在所搜集到的85篇硕博学位论文中，硕博研究生培养单位主要的来源国家和地区是美国、加拿大和中国香港。其中，加利福尼亚大学7篇，香港中文大学6篇，得克萨斯大学和罗得岛大学各3篇，罗切斯特理工学院、芝加哥大学、克莱姆森大学、北卡罗来纳大学、南卡罗来纳大学、明尼苏达大学、加州综合研究院、俄勒冈大学、芝加哥心理专业学院和中国香港理工大学各2篇，其余平均分布在其他41所培养单位。产出2篇及以上的有关中国武术的硕博毕业论文的培养单位详见表1。从培养单位的分布来看，主要集中在美国和中国香港，加拿大虽然也有硕博学位论文研究内容与中国武术有关，但是分布较散，均没有超过2篇的发表量，说明他们尚无这个领域的研究团队，或者即使有团队，研究方向也尚不稳定。

表1　2000—2021年国外发表2篇及以上与中国武术相关的硕博毕业论文的培养单位

培养单位	篇数	论文类别（博、硕）
加利福尼亚大学	7	7博
得克萨斯大学	3	2博+1硕
罗得岛大学	3	3硕
罗切斯特理工学院	2	2硕
芝加哥大学	2	2博
克莱姆森大学	2	2硕
北卡罗来纳大学	2	2博
南卡罗来纳大学	2	1博+1硕
明尼苏达大学	2	2博
加州综合研究院	2	2博
俄勒冈大学	2	2博
芝加哥心理专业学院	2	2博

从导师阵容来看，PQDD收录2篇及以上相关论文的单位，基本上每个单位都有2位或2位以上的导师，初步具有形成中国武术研究团队的条件；从导师的姓名分析，具有华裔身份的导师数量并非本书研究开展之前大家所预料的那样多，绝大多数导师是非华裔，说明中国武术在国外学界已经产生了影响，软实力逐渐彰显。对于中国武术全球化传播的未来而言，了解相关硕博导师信息，可以为进一步加强中外武术学术交流和校际合作创造条件，还可以借由他们将中国武术信息进一步传播开来。

第一章 英语世界中国武术研究的宏观梳理

表2 2000—2021年发表与中国武术相关的硕博毕业论文2篇及以上单位的导师名单

培养单位	导师（组）
加利福尼亚大学	Carole H. Browner; Lisa Raphals; Yang Ye; Judith P. Butler; Lydia H. Liu; Chandra Mukerji; Catherine L. Albanese; Erika Sivarajan Froelicher; Ted Huters
得克萨斯大学	Thomas Riccio; Deborah Kapchan; George A. King
罗得岛大学	Matthew J. Delmonico
罗切斯特理工学院	Chris Jackson; Shaun Foster
芝加哥大学	Judith Zeitlin; Dong Xinyu
克莱姆森大学	Lynne Cory; Abel A. Bartley
北卡罗来纳大学	Robert Daniels; Diane L. Gill; Jeffrey A. Katula
芝加哥心理专业学院	Rachel Piszczor
俄勒冈大学	Andrew Lovering; Marjorie Hines Woollacott
南卡罗来纳大学	Harriet Williams; Walter Bailey
明尼苏达大学	Marilyn Martin Rossmann; Mariah Snyder; Kathleen Krichbaum
加州综合研究院	Benjamin Tong; Frank Echenhofer

三、学术专著的作者分布

统计发现，英语世界中国武术研究专著的作者主要集中在美国。在搜集到的353本武术研究专著中，美国研究者占308人次，其余零散分布在英国、德国、法国、日本、新加坡等国。究其原因，一方面，得益于美国发达的出版业；另一方面，研究中国武术的美国人较多，成果也就较多，自然不难理解。在英语世界中，美国和英国拥有众多的中国武术研究者，其知识来源主要来自四个方面：其一，经由中国香港传到英国；其二，从中国台湾传到美国；其三，来自国外的留学生将中国武术带回国；其四，海外华人直接参与研究，成为专著的合作者。

11

第三节　英语世界中国武术研究的视域分布

一、学术期刊论文研究视域分布

以"武术"为主题词检索得到的学术期刊论文涉及的视域[①]包括：武术运动员的伤病[②]、学校武术教育与教学的理论与方法[③]、蔡李佛拳练习对生理指标的影响[④]、咏春拳和西方文化的融合与冲突[⑤]、少林武术[⑥]、长拳和刀术对心率和血流的影响[⑦]，以及武术、柔道、空手道对青少年骨密度的影响比较[⑧]、武术赛事发展[⑨]、习武人群的社会学透视[⑩]和现象学分析[⑪]、武术史学挖掘[⑫]、武术影

[①] 因涉及的文章较多，考虑到书稿的篇幅和行文，此节每个领域仅标注一篇文章。

[②] Paula Sousa, et al., "Incidence of injuries to the lower limbs joints in kung fu athletes," *Archives of Budo* 6, no. 3 (2010): 137~142.

[③] Rym Baccouch, Haithem Rebai and Sonia Sahli, "Kung-fu versus swimming training and the effects on balance abilities in young adolescents," *Physical Therapy in Sport* 16, no. 4 (2015): 349~354.

[④] Juan Manuel Cortell-Tormo, et al., "Acute physiological responses on performance of Choy Lee Fut forms in amateur practitioners," *Archives of Budo,* no.13 (2017): 235~242.

[⑤] George Jennings, David Brown and Andrew C. Sparkes, "It can be a religion if you want: Wing Chun Kung Fu as a secular religion," *Ethnography* 11, no. 4 (2010): 533~557.

[⑥] Su Xiaoyan, "Reconstruction of Tradition: Modernity, Tourism and Shaolin Martial Arts in the Shaolin Scenic Area, China," *International Journal of the History of Sport* 33, no. 9 (2016): 934~950.

[⑦] Jerri Luiz Ribeiro, et al., "Heart rate and blood lactate responses to Changquan and Daoshu forms of modern Wushu," *Journal of Sports Science and Medicine* 5, no. SI (2006): 1~4.

[⑧] Igor H. Ito, Han C. G. Kemper, Ricardo R. Agostinete, "Impact of Martial Arts (Judo, Karate, and Kung Fu) on Bone Mineral Density Gains in Adolescents of Both Genders: 9-Month Follow-Up," *Pediatric Exercise Science* 29, no. 4 (2017): 496~503.

[⑨] Marc Theeboom, Dong Zhu, and Jikkemien Vertonghen, "'Wushu belongs to the world'. But the gold goes to China…: The international development of the Chinese martial arts," *International Review for the Sociology of Sport* 52, no. 1 (2017): 3~23.

[⑩] Jeff Takacs, "A case of contagious legitimacy: Kinship, ritual and manipulation in Chinese martial arts societies," *Modern Asian Studies* 37, no. 4 (2003): 885~917.

[⑪] Jim Lantz, "Family development and the martial arts: A phenomenological study," *Contemporary Family Therapy* 24, no. 4 (2002): 565~580.

[⑫] Stanley E. Henning, "The Chinese Martial Arts in Historical-Perspective," *Military Affairs* 45, no. 4 (1981): 173~178.

第一章　英语世界中国武术研究的宏观梳理

视①、中国武术对新加坡男子气概的影响②、中国武术在波兰的发展③、中国武术对马来西亚青年的影响④，等等。

以"太极拳"为主题词检索得到的 3 493 篇文章中，涉及量最大的领域是太极拳在平衡防摔方面的效果检验，达到 127 篇之多；然后是心血管疾病患者的康复治疗，尤其是对Ⅱ型糖尿病、高血压的干预研究⑤。大量的文章探讨了太极拳对风湿、关节炎、骨骼及骨骼肌系统方面的影响，如骨质疏松和骨密度等。呼吸系统方面的主要兴趣点落在太极拳对慢性阻碍性肺病的疗效上。神经系统的兴趣点在于研究太极拳对中风病人和帕金森病人的康复效果。另有大量的文章探讨了太极拳对癌症病人在化疗后的康复训练中的作用，尤其是对乳腺癌和鼻咽癌探讨较多；太极拳对心灵创伤、抑郁症和认知障碍症等精神心理疾病的影响也有较多研究；太极拳对颈椎、脊椎、腰椎和各种纤维肌痛症的缓解作用也是研究的热点。除此之外，英语世界研究者还在不断拓宽研究视域，将太极拳研究引向更广阔的天地，如太极拳与肥胖、太极拳与烟酒成瘾患者⑥、太极拳与戒毒⑦、太极拳与艾滋病患者的干预治疗⑧，等等。除了太极拳的药用检验，研究者也对健康人群习练太极拳进行了研究。例如，对健康人群长期习练太极拳后的肠道微生物计

---

① Lu Zhuoxiang, Qi Zhang and Fan Hong, "Projecting the 'Chineseness': Nationalism, identity and Chinese martial arts films," *International Journal of the History of Sport* 31, no. 3 (2014): 320~335.

② Mark Brooke, "Masculinity in Singapore: the residual culture of the Chinese martial artist," *Sport in Society* 20, no. 9 (2017): 1297~1309.

③ Józef Bergier, Radoslaw Panasiuk and Michał Bergier, "The meaning of taijiquan from the Chen family in physical activity of Poles," *Archives of Budo* 10 (2014): 11~16.

④ Larisa Nikitina and Fumitaka Furuoka, "'Dragon, Kung Fu and Jackie Chan': Stereotypes about China held by Malaysian students," *Trames-Journal of The Humanities And Social Sciences* 17, no. 2 (2013): 175~195.

⑤ Jo Lynne Robins, et al. "The Effects of Tai Chi on Cardiovascular Risk in Women," *American Journal of Health Promotion* 30, no. 8 (2016): 613~622.

⑥ Chung-uk Oh and Nam-cho Kim, "Effects of t'ai chi on serotonin, nicotine dependency, depression, and anger in hospitalized alcohol-dependent patients," *Journal Of Alternative And Complementary Medicine* 22, no. 12 (2016): 957~963.

⑦ Zhu Dong, et al., "Beneficial effects of Tai Chi for amphetamine-type stimulant dependence: a pilot study," *American Journal of Drug And Alcohol Abuse* 42, no. 4 (2016): 469~478.

⑧ Jo Lynne W. Robins, et al., "Research on psychoneuroimmunology: tai chi as a stress management approach for individuals with HIV disease," *Applied Nursing Research* 19, no. 1 (2006): 2~9.

英美学者中国武术文化研究概论

数、心态情绪变化、幸福感、健康行为等进行跟踪观察。太极拳运动训练学研究不是英语世界研究者的兴趣点，但是也有涉及，如太极拳习练中气的运用、手眼协调能力训练、太极推手、太极云手和倒撵猴的动作力学分析①，以及太极拳习练中的伤病②，等等。太极拳的人文社会学研究主要表现在运用笛卡尔的身心二元论对太极拳进行哲学探讨③、运用布迪厄的惯习理论对太极拳进行社会学探讨，有的文章还从美学、政治学、宗教学、管理学④等方面探讨太极拳，另有文章对太极拳在美国⑤、澳大利亚⑥、日本⑦等国的开展状况进行国别研究，等等。总体来说，太极拳的人文社会学研究在英语世界的期刊论文中没有数量上的优势，但是在专著中讨论较热。

以"散打（散手）"为主题词检索到的论文涉及的领域包括散打训练方法（如悬吊训练对提升腹背力量的效果⑧）、散打中高水平运动员和初学者生理指标

---

① Nok-Yeung Law and Jingxian Li, "The temporospatial and kinematic characteristics of typical tai chi movements: Repulse monkey and wave-hand in cloud," *Research in Sports Medicine* 22, no. 2 (2014): 111~123.

② Merrilee Zetaruk, et al., "Injuries in martial arts: a comparison of five styles," *British Journal of Sports Medicine* 39, no. 1 (2005): 29~33.

③ Leo Hopkinson, "Descartes' shadow Boxing and the fear of mind-body dualism," *Journal of Ethnographic Theory* 5, no.2 (2015): 177~199.

④ Deborah Elizabeth Swain, James Earl Lightfoot, "A knowledge management framework for global project development based on Tai Chi principles and practices," *International Journal of Managing Projects in Business* 9, no. 3 (2016): 624~653.

⑤ Romy Lauche, et al., "Prevalence, patterns, and predictors of t'ai chi and *qigong* use in the United States: Results of a nationally representative survey," *Journal of Alternative and Complementary Medicine* 22, no. 4 (2016): 336~342.

⑥ Ineke Vergeer, et al., "Participation trends in holistic movement practices: A 10-year comparison of yoga/Pilates and t'ai chi/*qigong* use among a national sample of 195,926 Australians," *BMC Complementary and Alternative Medicine* 17 (2017): 296.

⑦ Takuo Nomura, et al., "The development of a Tai Chi exercise regimen for the prevention of conditions requiring long-term care in Japan," *Archives of Gerontology and Geriatrics* 52, no. 3 (2011): e198~e203.

⑧ Ma Xiaojie, et al., "The improvement of suspension training for trunk muscle power in Sanda athletes," *Journal of Exercise Science & Fitness* 15, no. 2 (2017): 81~88.

第一章 英语世界中国武术研究的宏观梳理

的比较①、散打训练过程中的损伤②，等等。在基础理论方面，有的研究散打技术的分类及应用③，有的研究散打与跆拳道在技术特色、文化蕴含、发展环境等方面的异同④。另外，还有的研究从医学角度探讨散打运动员的失眠问题及其治疗方法⑤。英语世界的散打研究成果有限，涉及的领域自然也十分有限，从单篇文章的引用率来看，影响非常小，还有散打动作的力学分析、散打的国际化传播、散打装备的研发等更多领域有待进一步探讨。此外，散打基础理论研究相对薄弱，应尽快建立和完善相应的理论体系；亟需启动学校师资培训、教练员培训等，唯有如此，才能更好地推动散打运动的国际化，进而提高散打的国际影响力。

二、硕博论文研究视域分布

根据研究领域的不同，国外通常将知识分成三大部类：自然科学、社会科学和人文科学，而在中国，通常将社会科学和人文科学合为一体，从人文社会科学和自然科学两个领域加以分析。

（一）人文社会科学领域

1. 武术与人类学

借助于人类学视角武术研究拥有了更为广阔的研究空间。克莱姆森大学Coover的硕士论文以李小龙及其武术思想为例，探讨美籍华人角色和身份之间的互动关系⑥。得克萨斯大学Frank的博士论文使用社会人类学的相关理论研究太

---

① Jiang Chuanyin, Michael W. Olson and Li Li, "Determination of biomechanical differences between elite and novice San Shou female athletes," *Journal of Exercise Science & Fitness* 11, no. 1 (2013): 25~28.

② Zhan Lifu, "Characteristics of Acute and Chronic Injuries of Martial Arts Free Combat Athletes: Implications for an Effective Curative Method," *ACTA Medica Mediterranea* 33, no. 3 (2017): 1333~1337.

③ Zhang S., "Research on the Classification and Its Application of Free Combat Technique," *Agro Food Industry Hi-Tech* 28, no. 3 (2017): 283~287.

④ Guo Xikui, "Analysis of the Development of Contemporary Competitive Free Combat Based on the Free Combat and Taekwondo," *Agro Food Industry Hi-tech* 28, no. 3 (2017): 357~361.

⑤ Song J., "Acupuncture at 'four gates' points for insomnia in 53 free combat athletes," *World Journal of Acupuncture-Moxibustion* 25, no. 3 (2015): 67~70.

⑥ Darcy Anne Robards Coover, "From the Gilded Ghetto to Hollywood: Bruce Lee, Kung Fu, and the Evolution of Chinese America" (M diss., Clemson University, 2008).

极拳，意在论证种族的形成就是一个仪式化的过程，该过程借助于知识的传承对权力加以应用①。北卡罗来纳大学 Takacs 的博士论文探讨八卦掌在中国台湾省的传承，从时空二维考察师徒关系，提出"聚合家谱"（aggregated lineage）的概念，认为聚合家谱是基于师徒关系建立起来的思想意识上的社会组织②。

身份认同研究的意义在于身份的建构、确立、调整和维护。1983年，美国学者丹尼尔·迈尔斯·阿莫斯最早将身份概念引入中国武术研究。他深入中国香港和邻近的广州等地进行调研，最终完成了他的博士论文：《社会边缘化和英雄武艺：港穗两地的武术家研究》。他的研究因对青年文化、中国武术家和中国流行文化的独到分析而被英语世界学者广泛引用。在阿莫斯看来，武术是进行人类学研究和民族志分析的理想载体。

此外，明尼苏达大学 Hunter 的博士论文对太极拳热进行了现象学阐释③。罗切斯特理工学院 Zou 的硕士论文，探讨了如何利用电脑绘图推广太极拳④。马里兰大学 Evan 的硕士论文，探讨了中国武校的建筑设计，包括选址、功能、文化特色等⑤。波士顿大学 Popa 的博士论文，探讨了太极拳原理在钢琴演奏中的应用⑥。这些看似"别出心裁"的议题，正在渐渐拓展中国武术研究的疆土。

2. 武术教学

在国内学校，武术归属于体育学科，武术教学研究自然是一个十分重要的研究领域。而在国外，由于武术是非奥运项目，因此无论是从论文的数量还是从论文的质量来看，国外学者对武术教学并没有十分关注。

圣何塞州立大学 Zhang 的硕士论文采用深度半结构化访谈法，调查武术职业

---

① Adam D. Frank, "Taijiquan and the Search for the Little Old Chinese Man: Ritualizing Race Through Martial Arts" (PhD diss., The University of Texas, 2003).

② Jeffrey Lee Takacs, "All Heroes Think Alike: Kinship and Ritual in Baguazhang" (PhD diss., The University of North Carolina, 2001).

③ Joanna E. Hunter, "Phenomenology of the Taiji Experience" (PhD diss., University of Minnesota, 2004).

④ Tao Zou, "How to Use Computer Graphics Popularize Tai Chi" (M diss., Rochester Institute of Technology, 2011).

⑤ Evan Currey, "A School for the Chinese Martial Arts" (M diss., University of Maryland, 2003).

⑥ Ana Sorina Popa, "You Become What You Practice: Application of Tai Chi Principles to Piano Playing" (PhD diss., Boston University, 2012).

第一章 英语世界中国武术研究的宏观梳理

运动员的运动技能发展和全人发展的状况，揭示两者之间潜在的冲突①。罗切斯特理工学院 Huang 的硕士论文以咏春拳为例，探讨如何使用自建 3D 互动网站教授武术②。加拿大麦吉尔大学 Jiang 硕士论文，讨论计算机辅助教学在太极拳初级练习中的应用③。加州综合研究院 Kiehne 博士的论文，分析了具有 5 年以上习练经验的太极拳练习者在习练太极拳时的体感（somatosensory），认为这种体感实乃一种心流（flow）④。

教学的目的是培养人才。在欧美，因为中国武术既不是专门的学科，也不是奥运项目，所以欧美高校没有专门的武术人才培养的体系，因而对武术教学关注较少也不足为奇。但是，在为数不多的硕博论文中，智慧教学和体感等概念进入部分研究者的视野，这也是中国当下武术教学需要关注的话题。

3. 功夫哲学

中国武术自形成以来就带有挥之不去的神秘色彩。得克萨斯大学 Gonzalez 博士的论文题目就是《中国功夫：关于身体的神话》。作者认为，动作练习、本体反应和心理联想等人生而有之的本能是中国功夫的核心元素。作者创造性地将身体看作文本（text），拳术是身体文本的原始材料，是人们了解神秘宇宙的法门；认为拳术是人们用于交际和保留知识的身体语言，每个人所练的套路都可以理解为对各人功夫世界观的全面表达；拳之所以能够一直存在，是因为身体是探索世界的载体，具有仿生学和宇宙学意义。在 Gonzalez 看来，无论是研究还是习练中国功夫，都像在沐浴着功夫的仪式，势必会全方位地影响一个人的境界⑤。

中国武术受到中国传统哲学全面而深刻的影响。从一定意义上讲，武术

---

① Zhang Yang Sunny, "Professional Wushu Athletes: Potential Athletic/Personal Dissonance" (M diss., San Jose State University, 2014).

② Huang Lihan, "Wing Chun: Introducing Basic Wing Chun Kung Fu Using Instructional Multimedia" (M diss., Rochester Institute of Technology, 2014).

③ Jiang Yue, "Computer-assisted Observational Learning of Novice Tai Chi Learners" (M diss., McGill University, 2003).

④ Gary O. Kiehne, "The Experience of Flow for Established Tai Chi Practitioners" (PhD diss., California Institute of Integral Studies, 2002).

⑤ Ricardo Francisco Gonzalez, "Chinese Gong Fu: The Embodied Myth" (PhD diss., The University of Texas at Dallas, 2010).

是关于身体的哲学。然而，究竟中国功夫如何全方位地影响一个人的世界观，Gonzalez 等人没有进行深入研究，这或许也恰恰是中国学者需要补充的议题。

4. 武侠文学

武侠文学是以身怀武功绝技的侠客和义士为主人公，描写他们侠肝义胆、见义勇为的文学体裁，是武术研究不可或缺的内容。习练武术，如果没有对"武"的崇拜和想象，没有对"侠"的彻悟，那么武技和武德都会受到限制。武侠文学对武术发展的贡献在于它赋予武术这项身体运动以诗意和哲思。

哈佛大学 Wan 的博士论文主要以《绿牡丹》和《天豹图》等小说为例，探讨 19 世纪初期中国武侠小说的诞生与发展①。芝加哥大学 Keulemans 的博士论文关注的是小说如何捕捉激烈的武打场景、如何表达藏于文字之中的刀光剑影②。2000 年至 2021 年，加利福尼亚大学有 3 篇博士论文以中国的武侠小说为主题。其中，Eisenman 对武侠文学产生的时代背景和武术在当时社会中的影响作了深入探讨③。Petrus 的博士论文视角较为独特，使用马克思的劳动价值理论分析武侠小说在 20 世纪中国的演变④。Li 的博士论文探讨的是金庸小说中的爱情⑤。这一时期，同样以金庸小说为研究对象的还有加利福尼亚州立大学长滩分校 Teresa 的博士论文，探讨了金庸小说对现代中国人身份的建构⑥。

文学即人学，国外硕博生对于武侠文学的研究同样向着社会肌理和人的需求发力，如劳动价值理论的应用、身份研究的介入等。虽然武术不是上述论文的落

---

① Margaret Baptist Wan, "'Green Peony' as New Popular Fiction: The Birth of the Martial Romance in Early Nineteenth-century China" (PhD diss., Harvard University, 2000).

② Pieter Keulemans, "Sounds of the Novel: Storytelling, Print-Culture, and Martial-arts Fiction in Nineteenth-century Beijing" (PhD diss., The University of Chicago, 2004).

③ Lujing Ma Eisenman, "Fairy Tales for Adults: Imagination, Literary Autonomy, and Modern Chinese Martial Arts Fiction 1895-1945" ((PhD diss., University of California, 2016).

④ Petrus Y. Liu, "Stateless Subjects: Chinese Martial Arts Fiction and the Morphology of Labor" (PhD diss., University of California, 2005).

⑤ Li Jie, "Heroes in Love: A Comparative Study of Jin Yong's Novels" (PhD diss., University of California, 2006).

⑥ Teresa Zimmerman-Liu, "Flexible Heroes with Powerful, Individuated Women: Jin Yong's Construction of a Modern Chinese Identity Jin Yong's construction of a modern Chinese identity" (PhD diss., California State University, Long Beach, 2012).

脚点和归宿，但是武侠文学研究对中国武术的发展和传播有着极为重要的作用。

5. 功夫电影

中国功夫电影是一种具有浓郁中国文化内涵的电影类型的总称，以功夫为视觉表现主要形式①，包括古装武侠片和现代装动作片。美国东北大学Chen的硕士论文探讨中国功夫如何影响美国电影，通过视觉比较分析的方法探讨中国功夫在中美电影中的不同表征②。芝加哥大学Yip的博士论文探讨中国香港武侠电影和中国香港19世纪60年代至70年代现代化转型时期人们的意识形态之间复杂的关系，认为这是"中国性"和后殖民觉醒的身体表征③。犹他大学Freed的硕士论文以《卧虎藏龙》《霍元甲》《黄飞鸿》《英雄》4部武侠片为例，阐述导演如何通过武侠片再现民族主义、性别观和知己哲学④。南加利福尼亚大学Shin的博士论文，讨论文化全球化背景下亚洲武术对好莱坞的"入侵"。作者把西方人练的东方武术称为西化武术，其认为把武术哲学中的宗教精神和西方的神话结合起来，复苏了美国的意识形态，归化了白人英雄控制其他文化的优越性⑤。加利福尼亚大学Thomas的博士论文用民族志采访和田野考察法，深入北京电视剧制作群体，以武侠剧为例探讨中国武侠剧如何被生产和消费⑥。此外，美国西北大学Szeto的博士论文探讨武侠片中的性别政治、种族主义和天下意识⑦。北得克萨斯大学Castillo的硕士论文，探讨中国香港武侠片中女性主义的表达及身份建构。

国外学术界对中国功夫电影的关注出发点各异，有的探讨文化再生，有的立

---

① 张翼飞：《中国功夫电影的演进及国际化研究》，博士学位论文，长春：吉林大学，2015年第08期，第13页。

② Chen Xiaxin., "Kung Fu Moves in American Movies" (M diss., Northeastern University, 2016).

③ Man-Fung Yip, "Martial Arts Cinema and Hong Kong Modernity: Bodies, Genders, and Transnational Imaginaries" (PhD diss., The University of Chicago, 2011).

④ Jeremy J. Freed, "Jet Li and the New Face of Chinese Cinema: Nationalism, Masculinity, and Zhiji in Contemporary Wuxia Pian" (M diss., The University of Utah, 2011).

⑤ Mina Shin, "Yellow Hollywood: Asian Martial Arts in US Global Cinema" (PhD diss., University of Southern California, 2008).

⑥ Suzanne Lynne Thomas, "Heroes, Assassins, Mobsters, and Murders: Martial Arts TV and the Popular Chinese Imagination in the PRC" (PhD diss., University of California, 2004).

⑦ Kin-Yan Szeto, "The Cosmopolitical Martial Arts Cinema of Asia and America: Gender, Ethnicity and Transnationalism" (PhD diss., Northwestern University, 2005).

足影视产业,有的探讨美学意义,有的揭示民族归属。中国香港著名导演张彻说:"动作是世界性语言。"①所以中国香港功夫影片会被全世界说不同语言的人所接受。中国功夫电影在丰富武术研究内容、推动中国武术走出去的过程中所起的作用不可小觑。

(二)自然科学领域

相对于人文社会科学,国外学界更热衷于从自然科学的视角探讨中国武术的功用,讨论最多的是太极拳的功效。随着人口老龄化的加剧和慢性病的流行,太极拳的医用功能引起越来越多欧美学者和医生的关注,他们纷纷用科学实验的方法对太极拳的疗效进行证实或证伪。

1. 太极拳对心理疾病的疗效

芝加哥心理专业学院 Stoltzfus 的博士论文结合创伤性认知行为疗法和太极拳疗法,为患有儿童医学创伤性精神压力(PMTS)的孩子和家庭制订身心预防和干预方案②。该校的另一位博士 Okamoto Caballero 的毕业论文通过深度半结构化访谈和阐释现象学分析法,研究太极拳在心理治疗中的临床应用。研究发现,太极拳对焦虑的治疗效果显著,而对创伤后应激障碍治疗效果不明显。在抑郁干预方面,太极拳的复杂性是患者习练太极拳的一大障碍,而且有可能会加重与抑郁症状有关的负面思想,如缺乏动机和自尊心等③。肯特州立大学 Rababah 的博士论文,研究太极拳对老年人停止驾驶以后的社交心理症状的干预效果。老年人由于年龄、疾病等原因不再开车,继而产生情绪低落、社交减少、孤独和生活质量下滑等现象。该研究发现,太极拳在缓解抑郁症状和社交障碍、提高生活质量方面效果显著④。加州综合研究院 Hill 的博士论文从冥想、瑜伽、气功和太极

---

① Zhang Che, "Creating the Martial Arts Film and the Hong Kong Cinema Style," in *The Making of Martial Arts Films*—As Told by Filmmakers and Stars, ed. Winnie Fu (Hong Kong: Hong Kong Film Archive, 1999), pp. 16~24.

② Jena Stoltzfus, "Anchor: A Trauma-Informed Tai Chi Program for Children and Their Families Suffering from Pediatric Medical Traumatic Stress" (PhD diss., The Chicago School of Professional Psychology, 2016).

③ Patricia Ellen Okamoto Caballero, "Tai Chi Chuan in Psychotherapy: A Phenomenological Study" (PhD diss., The Chicago School of Professional Psychology, 2017).

④ Jehad A. Rababah, "Examining the Effect of a Tai Chi Intervention on Psychosocial Consequences of Driving Cessation among Older Adults" (PhD diss., Kent State University, 2016).

第一章　英语世界中国武术研究的宏观梳理

拳等 4 个方面探讨了觉知（mindfulness）干预的建构，认为太极拳可以通过减少自主诱发和协助情感调控参与觉知的形成①。亚利桑那州立大学 Nseir 的博士论文，探索太极拳在促进丧偶老人精神健康方面的应用②。加拿大约克大学 Athaide 的硕士论文，研究习练太极拳对加拿大某社区 65 岁以上少数族裔低收入老年人的社会心理疗效，结果显示太极拳锻炼在减小压力、维持身体功能、心理健康和整体生活质量上都有显著效果③。阿兰特国际大学 Zahn 的博士论文，研究习练太极拳对高中女生健康和适应行为发展的影响④。弗吉尼亚联邦大学 Rausch 的博士论文，研究太极拳对乳腺癌患者社会心理问题的疗效⑤。北卡罗来纳大学格林斯博罗分校 Mustian 的博士论文，探讨太极拳对乳腺癌患者自尊心提升的疗效⑥。南卡罗来纳大学 Barker 的博士论文，探讨太极拳在改善焦虑方面的疗效⑦。

2. 太极拳对身体平衡能力的影响

人口老龄化时代，老年人骨质疏松是世界性难题。因此，老年人防摔也是国外太极拳研究的重要议题之一。美国洛马琳达大学 Alsubiheen 的博士论文，研究太极拳和情感想象结合的方法在提高糖尿病老人的平衡能力方面的疗效，发现效果并不明显⑧。东卡罗来纳大学 Burgess 的硕士论文，通过比较太极拳和平衡器两种干预方式对 65 岁及以上老年人的防摔效果，发现两种干预方式都有疗效，但

---

① David Ryan Hill, "Tai Chi Chuan as an Adjunctive Treatment of Trauma: An Integrative Literature Review" (PhD diss., California Institute of Integral Studies, 2012).

② Stacey C. Nseir, "A Feasibility Study of Tai Chi Easy for Spousally Bereaved Older Adults" (PhD diss., Arizona State University, 2012).

③ Michelle Athaide, "Psychosocial Effects of Tai Chi Exercise on Ethnic Minority Older Adults Living in the Jane-Finch Community" (M diss., York University, 2011).

④ William L. Zahn, "The Effects of Tai Chi Chuan on Mindfulness, Mood, and Quality of Life in Adolescent Girls" (PhD diss., Alliant International University, 2008).

⑤ Sarah M. Rausch, "Evaluating the Psychosocial Effects of Two Interventions, Tai Chi and Spiritual Growth Groups, in Women with Breast Cancer" (PhD diss., Virginia Commonwealth University, 2007).

⑥ Karen Michelle Mustian, "Breast Cancer, Tai Chi Chuan, and Self-Esteem: A Randomized Trial" (PhD diss., The University of North Carolina at Greensboro, 2003).

⑦ Larry Barker, "The Perceived Efficacy of the Mind/Body Fitness Therapy Taijiquan in Improving the Level of Transitory Feelings of Anxiety" (PhD diss., University of South Carolina, 2000).

⑧ Abdulrahman Alsubiheen, "Effect of Tai Chi Exercise Combined with Mental Imagery in Improving Balance" (PhD diss., Loma Linda University, 2015).

是太极拳对参与者的整体平衡状况影响偏大①。南卡罗来纳大学Jackson的硕士论文基于已有的研究成果,评述了33篇与太极拳对老年人运动、平衡和心理功能相关的理论,发现其中有22篇论文的结论是太极拳具有显著疗效②。加拿大安达罗大学技术学院Gonsalves的硕士论文发现,杨式太极拳在改善老年人的平衡能力、肌肉力量和肌肉耐力方面有一定的效果③。瓦尔登大学LaDue的博士论文比较太极拳和传统平衡锻炼对提升老年人平衡能力、运动能力、幸福感的效果,没有发现统计学上的显著疗效④。亚拉巴马大学伯明翰分校Taggert的博士论文旨在验证太极拳是否能改善老年妇女的平衡能力,结果发现尽管被试者自测健康分值提高,但是仍没有达到统计学上的显著变化⑤。然而,加拿大湖首大学Allen的硕士论文,研究证实太极拳在提高老年妇女动作摆动幅度、力量、防摔等方面的确有效果⑥。此外,克莱姆森大学Summey的硕士论文,比较太极拳和保龄球对社区老年人平衡能力和休闲能力的影响,在研究方向上有了一定程度的拓展⑦。加拿大渥太华大学Law选取15名具有4年太极拳习练经验的老年人,通过观察倒卷肱和云手两个太极拳动作,对研究对象的下肢进行运动力学分析,证明习练太极拳可以有效防摔⑧。得克萨斯大学埃尔帕索分校Cavegn发现习练太极拳可以通

---

① Lacey A. Burgess, "A Comparative Study on the Effects of Tai Chi and Matter of Balance on Measures of Balance and Fall Efficacy in Older Adults" (M diss., East Carolina University, 2012).

② Carolyn E. Jackson, "The Impact of Tai Chi on Reducing Fall Risk in Older Adults: A Synthesis of Current Research" (M diss., University of South Carolina, 2011).

③ Rohan Gonsalves, "Is Yang Style Tai Chi a 'One Size Fits All' Fall Prevention Exercise Program for Older Adults" (M diss., University of Ontario Institute of Technology, 2011).

④ Laura LaDue, "A Quantitative Study Comparing Tai Chi and Traditional Balance Exercises on Emotional Well-being, Balance Control and Mobility Efficacy in Older Adults" (PhD diss., Walden University, 2009).

⑤ Helen McKenzie Taggert, "Tai Chi, Balance, Functional Mobility, Fear of Falling, and Health Perception Among Older Women" (PhD diss., The University of Alabama at Birmingham, 2000).

⑥ Dale Adeleitha Melanie Dale Allen, "The Effects of Tai Chi on Balance and Mobility in Older Women Who Are at Various Risk Levels for Falls" (M diss., Lakehead University, 2001).

⑦ Hollie E.Summey, "A Comparison of Recreation Therapy Intervention Using Nintendo Wii™ Bowling with Participation in a Tai Chi Program on Balance, Enjoyment, and Leisure Competence of Older Adults in a Community Based Setting" (M diss., Clemson University, 2009).

⑧ Nok-Yeung Law, "Kinetics and Kinematics of the Lower Extremity During Performance of Two Typical Tai Chi Movements by the Elders" (M diss., University of Ottawa, 2013).

过改善踝部本体感觉来减少摔跤的风险①。

3. 太极拳对肥胖症的疗效

罗德岛大学 Quintanilla 的硕士论文采用习练太极拳、抗组训练和饮食相结合的方式，对 26 名老年肥胖妇女进行为期 12 周的减肥实验，结果显示三种干预方式都对减肥并无显著效果②。该校 Letendre 的硕士论文对 29 名老年肥胖妇女进行为期 16 周的"太极 + 行为"减肥实验，结果显示疗效显著③。同年，该校 Bekke 的硕士论文同样对 29 名老年肥胖妇女进行为期 16 周的"太极 + 饮食"减肥实验，观察身体成分的变化，得出和 Letendre 截然相反的结果："太极 + 饮食"并不是一个改变老年肥胖妇女身体成分关键指标的有效方式④。

4. 太极拳对心脏功能的影响

印第安纳州立大学 Kalsaria 的硕士论文研究太极拳对健康成人心脏自主神经功能和唾液皮质醇水平的即时影响，得出结论：习练太极拳能够通过促进迷走神经活动和减少交感神经活动调节心脏自主机能⑤。哥伦比亚大学教育学院 Figueroa 的博士论文研究太极拳和气功对自主神经调节的效果，对象包括太极组 13 人，控制组 13 人，对太极组实施为期 6 个月、每周 2 小时的太极和气功结合训练，对比结果显示太极拳和气功对自主神经调节的改善是有效的⑥。加利福尼亚大学 Taylor-Piliae 的博士论文观察 39 名患有心血管疾病的老年美籍华人妇女，进行为期 12 周、每周 3 次每次 1 小时太极拳干预，发现太极拳对慢性病患者来说是一

---

① Elisabeth Inge Cavegn, "The Effects of Tai Chi on Balance and Peripheral Somatosensation in Older Adults with Type 2 Diabetes" (M diss., The University of Texas at El Paso, 2011).

② Dinah Quintanilla, "Effects of Combined Tai Chi, Resistance Training and Diet on Percent Body Fat in Obese Older Women" (M diss., University of Rhode Island, 2014).

③ Jonathan M. Letendre, "The Combined Effects of Tai Chi and Weight Loss on Physical Function in Community Dwelling Obese Older Women" (M diss., University of Rhode Island, 2013).

④ Jillian M. Bekke, "Effects of a Community-based Tai Chi and Dietary Weight Loss Intervention on Body Composition in Obese Older Women" (M diss., University of Rhode Island, 2013).

⑤ Pratik Kalsaria, "Effect of Tai Chi on Cardiac Autonomic Function and Salivary Cortisol Level in Healthy Adults" (M diss., Indiana State University, 2012).

⑥ Michael Andres Figueroa, "The Effects of Tai Chi Chuan and Chi Kung on Autonomic Modulation" (PhD diss., Columbia University, 2007).

种简便、有效、低成本的动药（medicine in motion）①。

5. 太极拳对记忆力的影响

凯佩拉大学 Overton-McCoy 的博士论文研究习练太极拳对老年人整体认知能力和口述记忆能力的效果，发现定期参加太极拳活动组在整体认识能力和口述记忆能力方面明显优于未定期参加组②。瑞金大学 Matovich 的博士论文发现：习练太极拳对瞬间记忆和一般记忆有显著改善，对工作记忆和记忆觉知无显著变化③。

6. 其他微视角

太极拳对上述疾病疗效的研究已经初具规模，每个主题均有 2 篇或 2 篇以上的硕博论文参与互证。随着研究的进一步深入，研究领域也得到不断开拓。

俄勒冈大学 Hawkes 的博士论文研究长期习练太极拳、冥想和有氧运动对成年人专注力培养的效果，证实太极拳对专注力培养的有效性④。萨拉劳伦斯学院 Iordanova 的硕士论文探讨太极拳对阿尔茨海默病患者的影响，发现太极拳能够通过想象的情感表达提高老年人的自信心，唤醒他们的归属感⑤。加拿大戴尔豪斯大学 MacLaggan 的硕士论文对 4 名患有先天性帕金森病的妇女进行为期 20 周的太极拳干预，研究结果发现没有充分证据证实太极拳对先天性帕金森患者的治疗有效⑥。纽约州立大学水牛城分校 Nandoskar 的硕士论文研究太极拳对慢性高

---

① Ruth Elaine Taylor-Piliae, "Tai Chi as an Alternative Exercise for Ethnic Chinese with Cardiovascular Disease Risk Factors" (PhD diss., University of California, 2005).

② Amyleigh Overton-McCoy, "The Association Between Tai Chi and Memory in Older Adults" (PhD diss., Capella University, 2010).

③ Jennifer L. Matovich, "The Effects of Tai Chi on Memory in Older Adults" (PhD diss., Regent University, 2009).

④ Teresa D. Hawkes, "Effect of The Long-term Health Practices of Tai Chi, Meditation and Aerobics on Adult Human Executive Attention: A Cross-Sectional Study" (PhD diss., University of Oregon, 2012).

⑤ Elissaveta Iordanova, "Dance/Movement Therapy and Tai Chi for Seniors with Dementia" (M diss., Sarah Lawrence College, 2015).

⑥ Linda MacLaggan, "The Impact of Tai Chi Chuan Training on the Gait, Baiance, Fear of FPUing, Quality of Life, and Tremor in Four Women with Moderate Idiopathic Parkinson's Disease" (M diss., Dalhousie University, 2000).

第一章 英语世界中国武术研究的宏观梳理

血压成年患者的影响，结果显示太极拳是适合高血压患者的运动①。凯斯西储大学 Adler 的博士论文考察太极拳对改善老年关节炎患者状态的效果，其研究结果表明习练太极拳对这些病人的心理、体质、功能性受限等方面有改善，但不显著②。菲尔丁研究院 Winsmann 的博士论文研究太极拳对退伍老兵精神分裂症的疗效③。圣地亚哥大学 Alperson④和康涅狄格大学 Paterna⑤从宏观上研究太极拳对中老年人健康的促进作用。

另外，从太极拳流派的选取来看，欧美硕博论文中关于自然科学视角的太极拳研究验证的基本上为杨式太极拳、孙式太极拳或是简化8势、24势太极拳，仅有少数研究者，如 Okamoto，Adler，Overton-McCoy 等，选取吴式太极拳抑或武式太极拳习练者（Wu Style）作为研究对象，其他流派的太极拳基本没有涉及。可贵的是，加利福尼亚大学洛杉矶分校 Kim 的博士论文从自然科学的视角，研究八卦掌中气的运用，在太极拳之外开辟新拳种的科学化研究⑥。

较之与中国同级别、同层次的研究，欧美硕博论文中的太极拳实验研究基本上都是从医用的角度出发，而国内硕博论文中的太极拳实验研究除了医用的视角，生物力学的视角也不在少数。众多中国研究者对太极拳的某个特定动作，如"揽扎衣"⑦"搂膝拗步"⑧等进行生物力量分析，这说明中国研究者较欧美研究者更加关注太极拳运动的本体。

---

① Vibhuti Nandoskar, "Effects of Tai Chi in Adults with Chronic Hypertension: Single Subject Approach" (M diss., State University of New York at Buffalo, 2009).

② Patricia Ann Adler, "The Effects of Tai Chi on Pain and Function in Older Adults with Osteoarthritis" (PhD diss., Case Western Reserve University, 2007).

③ Fred Winsmann, "The Effect of Tai Chi Chuan Meditation on Dissociation in a Group of Veterans" (PhD diss., Fielding Graduate University, 2005).

④ Sunny Yim Alperson, "Transformations with Tai Chi: The Experience of Community-Dwelling Tai Chi Practitioners" (PhD diss., University of San Diego, 2008).

⑤ Andrew A. Paterna, "The Effectiveness of a Recreational Modality (Tai Chi Chuan) in Enhancing Health Status in an Older Adult Population" (PhD diss., University of Connecticut, 2003).

⑥ Mi Kyung Kim, "Cultivating Qi in Baguazhang: Models and Embodied Experiences of 'Extra-Ordinary' Health in a Chinese Internal Martial Art" (PhD diss., University of California, Los Angeles, 2009).

⑦ 宋渊：《陈式太极拳揽扎衣动作生物力学分析》，硕士学位论文，北京：北京体育大学，2011年。

⑧ 李岩：《太极拳搂膝拗步动作生物力学的实验与仿真研究》，硕士学位论文，上海：上海体育学院，2017年。

三、学术专著研究视域分布

由于学科性质不同,自然科学的研究成果多以学术论文的形式呈现,而人文社会学研究的成果多以专著的形式呈现。英语世界中国武术研究也明显呈现这种倾向。自20世纪60年代以来,英语世界关于中国武术研究的专著逐年增多,涉及的领域主要包括:太极拳的身心和谐之道[1]、医学视角下的太极拳研究[2]、晚清之后消失的太极拳[3]、太极祖师寻踪[4]、吴式太极拳的健康之道[5]、身份认同及刻板印象[6]、太极拳史[7]、少林拳的秘籍[8]、少林拳的特色[9]、少林洪拳[10]、中国射艺[11]、全球化背景下中国武术演变历程[12]、全球化背景下中国武术与媒体文化[13]、中

---

[1] Delza Sophia, *T'ai Chi Ch'üan: Body and Mind in Harmony* (New York: David McKay Co., 1961).

[2] Peter M. Wayne and Mark L. Fuerst, *The Harvard Medical School Guide to Tai Chi: 12 Weeks to a Healthy Body, Strong Heart, and Sharp Mind* (Colorado: Shambhala Publications,2013).

[3] Douglas Wile, *Lost T'ai-Chi Classics from the Late Ch'ing Dynasty* (Albany: State University of New York Press, 1996).

[4] Douglas Wile, *T'ai Chi's Ancestors: The Making of an Internal Martial Art* (New York: Sweet Ch'I Press, 1999).

[5] Wen Zee, *Wu Style Tai Chi Chuan: Ancient Chinese Way to Health* (Berkeley: North Atlantic Books, 2002).

[6] Adam D. Frank, *Taijiquan and the Search for the Little Old Chinese Man: Understanding Identity through Martial Arts* (New York: Palgrave Macmillan, 2006).

[7] Martin Boedicker, *Tai Chi Chuan in the History of Chinese Martial Arts* (North Charleston: Geate Space Independent Publishing Platform, 2014).

[8] Robert W. Smith(ed.), *Secrets of Shaolin Temple Boxing* (North Clarendon: Tuttle Publishing, 1964).

[9] Garrett Gee, Benny Meng and Richard Loewenhagen, *Mastering Kung Fu: Featuring Shaolin Wing Chun* (Illinois: Human Kinetics Publishers, 2003).

[10] Sifu Wing Lam, *Hung Gar: Southern Shaolin Kung Fu Ling Nam* (California: Wing Lam Enterprises, 2003).

[11] Stephen Selby, *Chinese Archery* (Hong Kong: Hong Kong University Press, 2000).

[12] M.T. Kato, *From Kung Fu to Hip Hop: Revolution, Globalization and Popular Culture* (Albany: State University of New York Press, 2007).

[13] Tim Trausch (ed.), *Chinese Martial Arts and Media Culture: Global Perspectives* (London: Rowman & Littlefield, 2018).

第一章 英语世界中国武术研究的宏观梳理

国男子汉气概的历史考证①、咏春拳的历史②、谱系和身份认同③、中国武术内家拳的格斗原理分析④、中国武术训练系统的历史考察⑤、武侠小说研究⑥、武侠电影研究⑦、白眉拳研究⑧、苌乃周的内家拳学思想⑨、道家内功⑩、蔡李佛拳与少林寺的渊源⑪、李小龙研究系列⑫、精武馆对中国武术的传承贡献⑬、中国武术史系列⑭、中国武术中的冥想⑮、中国武术文化史起源⑯等。

---

① Kam Louie, *Theorizing Chinese Masculinity: Society and Gender in China* (Cambridge: Cambridge University Press, 2002).

② Robert Chu, Rene Ritchie and Y. Wu, *Complete Wing Chun: The Definitive Guide to Wing Chun's History and Traditions* (North Clarendon: Tuttle Publishing, 1998).

③ Benjamin Judkins and Jon Nielson, *The Creation of Wing Chun: A Social History of the Southern Chinese Martial Arts* (New York: State University of New York Press, 2015).

④ Bruce Frantzis, *The Power of Internal Martial Arts: Combat Secrets of Ba Gua, Tai Chi, and Hsing-I* (Berkeley: North Atlantic Books, 1998).

⑤ Brian Kennedy and Elizabeth Guo(eds.), *Chinese Martial Arts Training Manuals: A Historical Survey* (California: Blue Snake, 2005).

⑥ Christopher Hamm, *Paper Swordsmen: Jin Yong and the Modern Chinese Martial Arts Novel* (Honolulu: University of Hawaii Press, 2004).

⑦ Stephen Teo, *Chinese Martial Arts Cinema: The Wuxia Tradition* (Edinburgh: Edinburgh University Press, 2007).

⑧ S. L. Fung, *Pak Mei Kung Fu: The Myth & the Martial Art* (New York: TNP Multimedia, 2008).

⑨ Chang Naizhou, *Scholar Boxer: Chang Naizhou's Theory of the Internal Martial Arts and the Evolution of Taijiquan* (California: North Atlantic Books, 2005).

⑩ Mantak Chia, et al. *Awaken the Healing Energy through the Tao: The Taoist Secret of Circulating Internal Power* (New Mexico: Aurora Press, 1983).

⑪ Doc Fai Wong and Jane Hallander, *Choy Li Fut Kung Fu: The Dynamic Fighting Art Descended from the Monks of the Shaolin Temple* (California: Unique Publications, 1985).

⑫ Bruce Thomas, *Bruce Lee: Fighting Spirit* (California: Blue Snake Books, 1994).

⑬ Brian Kennedy and Elizabeth Guo, *Jingwu: The School That Transformed Kung Fu* (California: Blue Snake Books, 2010).

⑭ Peter A. Lorge, *Chinese Martial Arts: From Antiquity to the Twenty-first Century* (Cambridge University Press, 2012).

⑮ Jan Diepersloot, *The Warriors of Stillness Trilogy: Meditative Traditions in the Chinese Martial Arts* (Walnut Creek: Qi Works, 2015).

⑯ Scott Park Phillips, *Possible Origins: A Cultural History of Chinese Martial Arts, Theater and Religion* (Boulder: Angry Baby Books, 2016).

第四节　英语世界中国武术研究的历时性特征分析

从以上论文的统计数据来看，太极拳无疑是中国武术在英语世界推广最为成功、影响最大的拳种。英语世界的学者对太极拳研究表现出较大的兴趣，他们自20世纪80年代伊始，纷纷从各个角度对太极拳的健康功用和药用效果展开全方面的证实或证伪。从研究者主体分析，越来越多来自不同国家和地区的学者专家加入了这个队伍。从研究内容来看，在这半个多世纪的研究中，内容逐渐丰富，新意不断增加。对20世纪60年代以来的相关研究主题进行分析，我们不难发现西方学者的中国武术研究经历了不同的发展阶段，呈现出由好奇、崇拜到质疑的态度转变。

一、20世纪60年代

英语世界的中国武术研究，自第一本英文专著算起，有60余年的历史。据本杰明·贾金斯考证，英语世界关于中国武术的第一本真正意义上的书籍非索菲亚·德尔扎在1961年出版的《太极拳：身心和谐之道》莫属。

德尔扎将太极拳带到美国，在美国流行文化中找到了一席之地并且播下了种子。20世纪50年代至60年代，德尔扎在北美的电视上表演太极拳（可能是北美电视上表演太极拳的第一人），她还开班传授太极拳。在她的作品当中，我们看到了"当前在武术研究中占主导地位的'具身知识'（embodied knowledge）的伏笔"①。由于意识到北美的读者可能对她所讲的太极拳不熟悉，德尔扎从为什么要习练太极拳入手，然后逐步展开讨论其基本理念和习练时的感觉。后来的英语世界中国武术研究者也都或多或少地受到了德尔扎作品的影响。德尔扎的太极拳研究特点，一是去暴力，二是去政治。这既和英语世界的中国武术研究相左，也有别于中国国内的太极拳研究。

1964年，罗伯特·史密斯（Robert Smith）编撰的《少林武术的秘密》

---

① "Sophia Delza vs. The Black Belt Ethos: Post-Materialism in the Chinese Martial Arts," accessed October 20, 2018, https://chinesemartialstudies.com/2018/04/06/sophia-delza-vs-the-black-belt-ethos-post-materialism-in-the-chinese-martial-arts/.

（Secrets of Shaolin Temple Boxing）问世，再度刷新英语世界对中国武术的认识。这是一本编译作品，全书内容包括气功、少林十八手、易筋经等。全书共分为三大部分。第一部分主要阐述少林武术的历史，包括起源、十八手、易筋经、南派北派等。第二部分论述少林拳的基本理论知识，包括气、硬气功、戒律等。第三部分主要论述少林拳的技术体系，包括各种手法、掌法、步法、肘法等。尽管这本书很单薄，但是作为美国早期论述中国武术的著作，经历时间的洗礼，也成了经典之作。在当时其他亚洲武术盛行的西方，这本编译的小册子，至少让英语世界的人们对中国武术有了认识，并固化了"少林拳是中国武术的母拳和日本空手道的祖先"这一认知，尽管今天有的结论还须商榷。

20 世纪 60 年代末，克劳斯尼泽（Rolf Clausnitzer）和王（Greco Wong）出版了《咏春功夫：中国自卫术》（Wing-Chun Kung-Fu: Chinese Self-Defence Methods, 1969）。该书是英语世界也是中国境外出版的第一本关于咏春拳的书①。该书作者认为咏春拳主要是采用实用和直接的方法击打，而不算是一项体育运动，并且认为中国的传统方法使用花哨、华丽的技术，这在咏春拳的招式中找不到一席之地；但是这种明显的简单风格也不应该让读者认为它们很简单，只有长期坚持练习才能充分认识到咏春拳独特而致命的技击效果。今天的西方人对咏春拳的这种认知基本上没变。

20 世纪 70 年代之前，中国还未实行改革开放，外国人对中国文化感到好奇，他们对中国武术的了解原本只基于民国时期国术队的南洋巡演和 1936 年德国奥运会上的中国武术表演。在跆拳道、空手道进入英语世界数年之后，太极拳、咏春拳和少林拳才被介绍到英语世界，给人耳目一新的感觉。

二、20 世纪 70 年代至 90 年代中期

20 世纪 70 年代之后，英语世界的中国武术研究随着李小龙主演的功夫电影的热映而逐渐火热。相关的研究成果不仅数量增加，而且在思想深度上也展开了全面挖掘。继克劳斯尼泽和格列科之后，詹姆斯·严·李（James Yimm

---

① Rolf Clausnitzer and Greco Wong, Wing-Chun Kung-Fu: Chinese Self-Defence Methods (London: Paul H. Crompton Ltd. 1969).

Lee）于1972年出版了另一本咏春拳专著。詹姆斯是李小龙最信赖、最得力的徒弟，中文名严镜海。他于1920年出生于美国加利福尼亚州奥克兰市。在李小龙出道走红之前，严镜海已是美国有名的华裔武术家。严镜海与咏春拳结缘的10年时间里，做了大量的笔记，写就了《咏春拳自卫术》（*Wing Chun Kung Fu: Chinese Art of Self-Defense*）①一书。鉴于书中的真材实料，以及他们师徒的名声和权威，这本书丰富了英语世界的咏春拳研究。自20世纪80年代起陆续有此类文章发表在相关英文学术期刊，但是从20世纪70年代到90年代中期整个时段来看，英语世界的中国武术研究主要还是集中在华南地区的拳种上，如《凤眼拳：南少林的格斗术》（*Phoenix-Eye Fist: A Shaolin Fighting Art of South China*，1997）、《蔡李佛拳：源于少林寺僧人的格斗术》（*Choy Li Fut Kung Fu: The Dynamic Fighting Art Descended from the Monks of the Shaolin Temple*，1985）等。这与李小龙的个人魅力有着直接的关系。李小龙（1940—1973），原名李振藩，师承叶问，出生于美国加利福尼亚州旧金山市，祖籍中国广东省佛山市，集武术界各项荣誉于一身（世界武道变革先驱者、武术技击家、武术哲学家、MMA之父、武术宗师、功夫片的开创者和截拳道创始人、中国功夫首位全球推广者等）。他在香港的4部半电影（《唐山大兄》《精武门》《猛龙过江》《龙争虎斗》《死亡游戏》）②打破了多项纪录。其中，《猛龙过江》打破了亚洲电影票房纪录，与好莱坞合作的《龙争虎斗》全球总票房达2.3亿美元。他开设拳馆（振藩国术馆），在英语世界传授武艺；出版图书《基本中国拳法》（*Chinese Gung Fu: The Philosophical Arts of Self-Defense*，1963），在英语世界阐述武学理念；拍摄电影，在全世界传播中国功夫。遗憾的是，李小龙英年早逝，留给人们的是对不朽传奇的追忆。1994年，关于李小龙的系列著作，如《李小龙的格斗精神》（*Bruce Lee: Fighting Spirit*）、《李小龙传》（*Bruce Lee: A Life*）等相继出版，将人们对李小龙及其功夫的崇拜推向高潮。

---

① James Yimm Lee, *Wing Chun Kung Fu: Chinese Art of Self-Defense* (California: Ohara Publications, 1972).

② 在英语世界，研究中国功夫的文献中，李小龙的这4部半电影经常被提到，其译名分别是 *The Big Boss*、*Fist of Fury*、*The Way of the Dragon*、*Enter the Dragon*、*The Game of Death*。《死亡游戏》是李小龙未完成之作，只能算作半部作品。

第一章　英语世界中国武术研究的宏观梳理

这个时段的中国武术研究特别关注武术的格斗防身功能，这一点从书名或文章的名称就可以看出。在英语世界中，李小龙和中国功夫的崇拜者逐渐增加。

虽然按照严格的现代学术标准、学术范式、学术话语来评判，当初的一些破冰之作可能难以被称为标准的学术专著，但是其具有极其重要和无法替代的作用。

三、20 世纪 90 年代后期至今

英语世界的中国武术研究有 60 多年的研究历史，最有成果的是 20 世纪 90 年代后期至今。自 20 世纪 90 年代后期以来，随着全球化、信息化、现代化的日益突飞猛进，中国武术研究也迅速发展。中国武术协会进一步加强中外武术交流。1997 年，中国国内体育院校顺应形势，率先开启了民族传统体育学的博士培养，前往中国学习武术的国外留学生不断增加。2004 年，全球首家孔子学院在韩国首尔成立，截至 2018 年 12 月 3 日，全球已有 154 个国家和地区建立了 548 所孔子学院和 1193 个孔子课堂①，而中国武术成为其主要课程之一。这些都在无形中推动了英语世界中国武术研究向多元化发展。主要表现在以下方面。

第一，跨界研究成为主流。无论是人文社会科学领域，还是自然科学领域，英语世界的研究者都对中国武术表现出浓厚的研究兴趣，但是他们的研究立足点和成果指向并不一定是武术运动本身。中国国内将武术归类于体育学科，因此研究者往往是体育学科出身，而英语世界的中国武术研究者往往对学科跨界持宽容甚至是鼓励的态度。例如，目前活跃在英语世界的中国武术研究者贾金斯、鲍曼、弗兰克、韦恩（Peter Wayne）等都不是体育专家。他们有的是文化传播学者，有的是历史学家，有的是社会学家，有的是医生。在他们的眼中，中国武术不单单是一种体育项目，更是一种社会文化现象或一种动药，于是他们在各自的领域对中国武术展开"深到骨髓"的挖掘。

第二，在自然科学领域，太极拳的药用研究成为热点。英语世界第一本

---

① 截至 2023 年 12 月，全球已建 563 所孔子学院（课堂），遍布 154 个国家和地区（数据来源于"中国国际中文教育基金会"与网络资讯）。

太极拳专著是立足太极拳让身心和谐的健康功能[1],第一篇太极拳学术期刊论文[2]发表在《美洲中国医学杂志》上。虽然人文社会科学领域不乏太极拳研究的经典之作,如道格拉斯·怀尔(Douglas Wile)的《晚清逝去的太极拳精华》(*Lost T'ai-chi Classics from the Late Ch'ing Dynasty*, 1996)、《太极的祖先们:内家拳的诞生》(*T'ai Chi's Ancestors: The Making of an Internal Martial Art*, 1999),以及弗兰克的《太极拳和寻找中国小老头:透过武术理解身份》(*Taijiquan and the Search for the Little Old Chinese Man: Understanding Identity through Martial Arts*, 2006)等,但是与自然科学领域内数百篇期刊论文相比,数量少了很多。在自然科学领域,太极拳研究呈现出阶段性的特征,比如20世纪90年代中期之前的太极拳研究,主要关注的是健康习练者身体组织(如心肺、血液、肌肉等)的变化。而20世纪90年代中期之后的太极拳研究,主要是针对太极拳干预各种患病(如关节炎、糖尿病、失眠、帕金森等)人群的身体和心理疗效。

第三,拳种研究稳中有进。这一时期,对太极拳、咏春拳和少林拳等起步较早的拳种研究进一步深化,史学、社会学、民族学、人类学介入的趋势十分明显,成果喜人。除了上述拳种,形意拳、八卦掌、梅花拳、南拳、长拳[3]等纷纷进入研究者的视野。

第四,太极推手和散打(散手)研究开始起步。太极推手是以上肢、躯干为攻击部位,运用"掤、捋、挤、按、采、挒、肘、靠"等技法借力、发力,使对方身体失去平衡的一项具有对抗性、娱乐性、健身性、传统性的体育运动。英语世界中的相关研究起步也较晚。较早的一篇论文是2003年发表在《英国运动医学杂志》(*British Journal of Sports and Medicine*)第4期上的《太极推手运动

---

[1] 英语世界第一本太极拳英文专著:Sophia Delza, *T'ai Chi Ch'üan: Body and Mind in Harmony*. (New York: David McKay Co., 1961)

[2] 英语世界第一篇太极拳相关的期刊论文:T. C. Koh, "Tai Chi Chuan," *American Journal of Chinese Medicine* 9, no. 1 (1981): 15~22.

[3] Jerri Luiz Ribeiro, et al., "Heart rate and blood lactate responses to Changquan and Daoshu forms of modern Wushu," *Journal of Sports Science and Medicine* 5, no. SI (2006): 1~4.

第一章　英语世界中国武术研究的宏观梳理

的动力学和肌电分析》[1]，直到7年之后的2010年才出现第2篇[2]。接下来每年发表的论文数量都是屈指可数的。研究的视角都与力的运用和平衡有关[3]。英语世界散打（散手）研究的成果数量有限，散见于有限的几个刊物，如《运动科学与健身》(Journal of Exercise Science & Fitness)、《应用运动科学年鉴》(Annals of Applied Sport Science)等。2013年，英语世界SCI数据库收录首篇散打（散手）主题的期刊论文[4]，两年后才出现第2篇，2017年有5篇入库。散打（散手）研究虽然起步较晚，但是已经在英语世界开启。

这一时期，人文社会科学对中国武术的研究，具有明显的揭秘和解构倾向。贾金斯和尼尔森（Jon Nielson）在研究咏春拳的身份建构时发现，咏春拳属于"发明的传统"（invented tradition）[5]。西纳尔斯基[6]、佐藤[7]、佐佐木[8]等人甚至认为，将武术简单地化为运动项目是一个非常严重的错误，因为两者的价值论不同。运动项目的主要目标是得分，是赢得比赛，而武术则有更高的追求，如人格的提升和人性的升华。这似乎和早年伍绍祖先生指出的"武术属于体育，但高于体育"的看法一致。从中国武术研究的学术史分析可以明显地看出，像所有其他科学探索的规律一样，早期的英语世界对中国武术的研究偏描述性、介绍性，随着认识

---

[1] S. P. Chan, T. C. Luk and Y. Hong, "Kinematic and electromyographic analysis of the push movement in tai chi," *British Journal of Sports Medicine* 37, no. 4 (2003): 339~344.

[2] Hui-Chuan Chen, et al. "The defence technique in Tai Chi Push Hands: A case study," *Journal of Sports Sciences* 28, no. 14 (2010): 1595~1604.

[3] 例如：Yao-Ting Chang, Jia-Hao Chang and Chen-Fu Huang, "Ground reaction force characteristics of Tai Chi push hand," *Journal of Sports Sciences* 32, no. 18 (2014): 1698~1703; Shiu Hong Wong, et al., "Foot Forces Induced Through Tai Chi Push-Hand Exercises," *Journal of Applied Biomechanics* 29, no. 4 (2013): 395~404.

[4] Chuanyin Jiang, Michael W. Olson and Li Li, "Determination of biomechanical differences between elite and novice San Shou female athletes," *Journal of Exercise Science & Fitness* 11, no. 1 (2013): 25~28.

[5] Benjamin Judkins and John Nielson, *The Creation of Wing Chun: A Social History of the Southern Chinese Martial Arts* (New York: State University of New York Press, 2015).

[6] Wojciech Jan Cynarski, "Values of martial arts in the light of the anthropology of martial arts," *Journal of Combat Sports and Martial Arts* 2, no. 1 (2012): 1~4.

[7] Shizuya Sato, *Nihon Jujutsu* (Tokyo: IMAF, 1998).

[8] Taketo Sasaki, "Budo (the martial arts) as Japanese culture: the outlook on the techniques and the outlook on the human being," in *Martial Arts and Combat Sports—Humanistic Outlook*, ed. Wojciech Jan Cynarski (Rzeszów: Rzeszów University Press, 2009).

的加深,逐渐由描述性研究转变为实证性和思辨性研究。

在伽达默尔看来,理解从来都不只是一种复制的行为,而始终是一种创造性的行为,并且"解释者和文本都有各自的'视域',所谓的理解就是这种视域的融合"①。换句话说,无论是理解还是在理解的基础上进行阐释,都是他者和原文本之间的内在互动。也就是说,英语世界的中国武术研究者必然会带着"前理解"对中国武术进行创造性发挥,因为他们都身处特定的社会环境和文化氛围中,有着特定的宗教信仰、思维特点和知识经验。

既然所有的阐释都离不开阐释者的"前见"(英译有:fore-having, fore-sight, fore-conception)和由此形成的既定立场和目的,那么就决定了我们在作逆向研究或跟踪研究的时候必须将阐释者的这些元素考虑进去,必须清楚国外研究者对中国武术既有客观的解读,也可能有远离本真的强制性阐释,不要只做国外武术研究成果的价值判断者,更重要的是做中外"武林中的对话者"。我们在对话中,要以坚定的文化自信、高度的文化自觉和文化担当,阐明中国武术文化独有的凝聚力和生命力,讲好中国故事,传播好中国声音,树立好中国形象。

---

① [德]伽达默尔:《真理与方法——哲学注释学的基本特征》(上卷),洪汉鼎译,上海:上海译文出版社,1999年,第380~393页。

第二章　索菲亚·德尔扎的中国武术研究

第二章
索菲亚·德尔扎的中国武术研究

中国武术界素有"武""舞"同源之说,其依据来自古籍文献。上古时期有"击石拊石,百兽率舞"的表述;《韩非子·五蠹》记载:"乃修教三年,执干戚,有苗乃服";《淮南子·缪称训》有"禹执干戚,舞于两阶之间,而三苗服"之说;《山海经》亦有"刑天舞干戚,猛志固常在"的传说。古代武术经过多年的传承,衍生出多样性的存在形式:第一,民间武术流派;第二,国家为了全民健身推行的竞技武术项目;第三,警用擒拿格斗的武术技击招法。日常生活中,练家子们常常围绕"能打不能打"而彼此相轻。但是,谁也无法否认武术中的许多项目本身就是一种艺术化现象①。同时,只有技与艺交融才是武术的较高境界。也就是说,"演"与"打"都是武术自身必要的元素,言下之意,野蛮的打不值得称道,真正好的动武效果是不仅要打赢还要打得漂亮②。英语世界以艺术家的身份传播中国武术、研究中国武术的人首推美国的太极拳先驱索菲亚·德尔扎,然后是英国的太极拳开拓者格里尔达·格迪斯③。两位女中豪杰将蕴藏着东方智慧的太极拳带回各自的国家并竭尽所能地大力传播,声名显赫一时。这两位太极拳开拓者传播中国武术的事迹随着当事人的离世而渐渐被

---

① 马文友、王廷信:《一种艺术化现象:论象形拳的文化归属》,载《艺术百家》,2015年第2期,第130~133页。
② 戴国斌:《武术:身体的文化》,北京:人民体育出版社,2011年,第169~189页。
③ 格里尔达·格迪斯(Gerda Geddes,1917—2006)是挪威著名舞蹈家、心理学家,1948年随丈夫来到上海,第一次接触便迷上太极拳;1955年,在中国香港拜蔡鹤朋为师,学习传统杨氏拳架3年,后移居英国并开始了长达40多年的太极拳传播,并由此改变了数万英国人的生活方式。

尘封，令人欣慰的是，如今又有各国学者开始关注她们。

本章聚焦于美国太极拳传播者——索菲亚·德尔扎。德尔扎是英语世界第一本太极拳专著的作者，就学术影响而言，她的影响力是英语世界太极拳研究者所公认的。德尔扎是英语世界的一位舞者，也是一位武者。作为舞蹈家成名的德尔扎，也是英语世界著书立说传扬中国武术的先行者。她对太极拳的理解有其独特的方式。她因艺术家的敏感故意摒弃太极拳的技击而将太极拳"净化"为"寻求平静的幸福感"的运动艺术（exercise arts）。虽然受时代所限，当时不被西方世界广泛接受，但如今看来是她率先铺陈了今天全世界太极拳发展的模式。

第一节　索菲亚·德尔扎的生平

索菲亚·德尔扎于1903年出生在纽约布鲁克林一个富裕的犹太家庭。德尔扎天资聪颖，大学时期主修自然科学。1924年，她从亨特学院毕业后被哥伦比亚大学录取为研究生。然而，一次欧洲之旅打乱了她最初的职业规划。德尔扎一直对舞蹈很感兴趣，多年来一直和她的姐姐一起接受非正式的训练，也经常参加一些社区活动。当前往法国巴黎求学时，她决定投身于舞蹈研究，并在接下来的几年里乐此不疲。

回到美国之后，德尔扎想努力成为一名专业的舞蹈演员。当时她进入了歌舞杂耍圈，并成了一名固定的表演者。1928年，她甚至与著名歌舞演员詹姆斯·卡格尼（James Cagney）同台共舞。德尔扎在尝试表演才能之后，又朝着现代舞编舞的方向发展，并在这个领域获得了一定程度的成功。

德尔扎的丈夫库克·格拉斯高（Cook Glassgold）是一位土生土长的纽约人，1920年毕业于纽约城市学院。1932年，格拉斯高担任惠特尼艺术博物馆的馆长。1936年到1941年，他成为《美国艺术索引》（Index of American Art）的一名编辑。"二战"期间，他在联邦公共住房管理局任职。"二战"后，他作为外交官被派往德国，协助解决人员安置和战后重建问题。1948年，格拉斯高作为联合国外交官被派往上海。这一次调派对他的妻子德尔扎来说是一个意想不到的人生转折点——自此和中国武术结缘。

第二章 索菲亚·德尔扎的中国武术研究

1948年德尔扎随丈夫来到中国。抵达上海后，她发现中国的观众接受并喜爱她的舞蹈作品。她举办了多场讲座，教授现代舞蹈。德尔扎对舞蹈和文化交流富有热情。她曾正式学习过西班牙舞蹈，有时还以这种风格进行巡回演出。在演出的同时，她慢慢发现中国传统文化的魅力并被其深深吸引。她开始对中国传统的舞蹈和戏剧着了迷，其中包括具有活力的武打角色。也就是在上海期间，她认识了吴式太极拳传人马岳梁和他的妻子吴英华。在1949年前后，德尔扎很幸运地成为马岳梁的学生。直到1951年回美国之前，她直接在她那一代最具天赋的武术家那里接受了大约3年的正规训练。

第二节　美国太极拳开拓者——索菲亚·德尔扎

离开中国回到美国之后，德尔扎开始在全美巡回演讲，主题基本上都是关于中国戏剧和太极拳文化。在当时，她演讲的话题都很受美国观众欢迎，但是太极拳在这一时期似乎并不是她唯一的关注焦点。事情在1954年开始转变。那一年，她在曼哈顿著名的现代艺术博物馆进行了第一次正式的太极拳表演。要知道，在那个年代的北美，几乎没有任何形式的中国武术公开表演。对大多数美国人来说，每年在农历新年里看一看华人舞狮就是他们一年当中唯一一次近距离观看中国武术。德尔扎的太极拳表演第一次正式将中国武术展现在美国观众面前，而且表演地点选在极具品位的曼哈顿现代艺术博物馆。该馆收藏了许多现代大师的作品，包括巴勃罗·毕加索（Pablo Picasso）[1]、安迪·沃霍尔（Andy Warhol）[2]和杰克逊·波洛克（Jackson Pollock）[3]等人。纽约现代艺术博物馆的太极拳表演活动取得了相当大的成功，直接促进了德尔扎太极拳学校（Delza School of Tai Chi Chuan）的创立。

时隔两年，德尔扎在曼哈顿的联合国大厦举行另一场引人注目的吴式太极

---

[1] 巴勃罗·毕加索，西班牙画家、雕塑家，是现代艺术的创始人、西方现代派绘画的主要代表、当代西方最有创造性和影响最深远的艺术家之一，是20世纪最伟大的艺术家之一。
[2] 安迪·沃霍尔，20世纪艺术界最有名的人物之一，是波普艺术的倡导者和领袖。
[3] 杰克逊·波洛克，美国画家、抽象表现主义绘画大师，也被公认为使美国现代绘画摆脱欧洲标准，在国际艺坛建立领导地位的第一功臣。

拳表演。她的表演再次受到好评。这次成功的演出帮助她在联合国大厦开设第二所德尔扎太极拳学校，德尔扎每周在此为来自世界各地的学员和联合国工作人员授课。

1960年，德尔扎首次在美国进行电视直播的太极拳演示活动。观众的反应很好，电视直播的成功让人们对她的太极拳产生了浓厚的兴趣。同年10月，《大众力学》(*Popular Mechanics*)杂志发表了一篇关于她的太极拳教学的文章，题为《为肌肉，练太极》("Tai Chi for Your Muscles")。自20世纪40年代中期以来，《大众力学》一直在为亚洲武术（主要是柔道）撰写和发表文章及做广告。这本杂志当时备受武术爱好者、研究者和传播者的青睐。因此，德尔扎收到上千封咨询太极拳的信件，这也成为她研究太极拳的动力。

德尔扎认为太极拳是一种体育文化，是中国悠久的传统武术的一部分，是一种锻炼方式（exercise art）。这种认识在当时的上海可能没有异议，因为当时很多中国太极拳习练者是办公室职员或商店经营者，他们担心自己的健康，希望太极拳能养生。他们没有武术方面的经验，对技击也没有兴趣，这是德尔扎最直接接触的人群。但是当时的美国不一样，那个时代的美国武术家通常更热衷于对抗性的格斗运动，比如拳击、柔道和空手道。能够单枪匹马在西方体育文化中成功植入中国太极拳，仅就此而言，德尔扎就已经是一位了不起的女性。

德尔扎关于中国武术的著作影响最深远的是她于1961年出版的《太极拳：身心和谐之道》。这是英语世界真正意义上第一本关于太极拳的图书，由大卫麦凯出版公司（David McKay）出版，当时在美国很畅销，后来被翻译成法文，由基石图书出版社出版；1985年重新修订，由纽约州立大学出版社出版。1969年，德尔扎的第二本著作《赏心悦目：为健康与美丽而动》(*Feel Fine, Look Lovely: Natural Exercises for Health and Beauty*)由豪森图书出版社（Hawthorn Books）出版。她的最后一本专著《太极拳：身心和谐的体悟》(*The T'ai-Chi Ch'uan Experience: Reflections and Perceptions on Body-Mind Harmony*)主要收录她之前发表的文章，也补充了一些新的材料，于1996年由纽约州立大学出版社出版。在她留给纽约公共图书馆的遗产中，还有很多未

第二章 索菲亚·德尔扎的中国武术研究

曾发表的手稿、讲稿，以及有关太极拳的诗歌、随笔和照片等，这些都是研究太极拳在美国发生、发展的宝贵材料。中国武术研究专家、美国学者贾金斯认为，德尔扎在中国武术传播史上是一位重要人物，但是一直被忽视[①]。

第三节 索菲亚·德尔扎的中国武术观

张祥龙认为，外国人对中国历史文化的研究"有各种方向、层次和后果，但都有助于塑成某种中国观，即对于传统的或原本意义上的中国的一种基本看法……在这样一个全球化的时代，则势必具有更普遍得多和深刻得多的含义"[②]。具体而言，外国人对中国武术的研究必定会形成自己的中国武术观，继而形成自己的中国观。所以，对英语世界中国武术研究者的中国武术观进行分析是十分必要的。

德尔扎是一位舞蹈艺术家，在接触太极拳之后，德尔扎很享受太极拳演练和太极拳研究。从20世纪50年代开始，她经常在中美两国表演太极拳，是在北美电视上表演太极拳的第一人。德尔扎在纽约至少开了3个太极拳班，很多人慕名前来找她学习太极拳。虽然她享受表演太极拳，但是她不止一次地利用自身对舞蹈和中国戏剧的研究经验分析太极拳，认为太极拳与表演艺术无关，也不能被视为源自表演的艺术。德尔扎强调，不懂太极拳的观众也许在观看太极拳表演的时候，看不出表演者在经历什么。如果想通过习练太极拳来打造身体上的某种感觉并由此完成个人的转变，唯一的方法是亲自体验。意义是通过动作的实践来传达的，但是需要走心（reflexively）。显然，德尔扎领悟到了太极拳"求诸己"（inward turn）的特征。除了探索"具身体验"（embodied experience），德尔扎似乎更关注习练者的心理焦虑问题。她强调，太极拳的习练在理论上可以促进健康，但其内在的驱动力是促进"平静的幸福感"（a calming sense of well

---

① "Sophia Delza vs. The Black Belt Ethos: Post-Materialism in the Chinese Martial Arts," accessed October 20, 2018, https://chinesemartialstudies.com/2018/04/06/sophia-delza-vs-the-black-belt-ethos-post-materialism-in-the-chinese-martial-arts/.

② 张祥龙：《思想方式与中国观——几位德国思想家的中国观分析》，载《河北学刊》，2000年第5期，第18～21页。

being)。所以，对于德尔扎来说，习练太极拳的目标对手就是内在情绪（internal and emotional）。在20世纪60年代至70年代，对于大多数学习亚洲武术的美国学生来说，德尔扎关于中国武术的这番阐释让他们感到有点意外。这也不难理解，人们只需看看当时的《黑带》（Black Belt）杂志上充满打斗与暴力的封面，再结合当时的社会背景就可以明白其原因。贾金斯对当年《黑带》封面设计的解读是：战后，个人的不安全感滋生了许多武术家①。贾金斯研究发现，当年的杂志不仅封面设计暴力，其实内容也是一样，偶尔会探讨中国历史上与武术相关的细节，但是绝大多数文章关注的是柔道比赛的获胜技巧和有效的自卫策略。贾金斯认为，这就是那个时代的需求，直接反映出人们对暴力和社会威胁的恐惧。

德尔扎对中国武术的解读改变了当时英语世界对东方武术的认识。

在《太极拳：身心和谐之道》一书的正文之后，德尔扎简要地列举了她作研究时翻译的一些作品，其中包括几本民国时期的太极拳手册、马岳梁的著作和褚民谊的著作。书中还有德尔扎对经典太极拳动作的讲解，可贵的是德尔扎不是在照本宣科地翻译这些经典，而是经常在讲解时插入自己对习练某个动作的感受。考虑到是英语世界第一次引入中国武术，读者可能对她的主题不熟悉，所以德尔扎尽量使用最通俗易懂的语言来解释太极拳和中国武术。她并没有从太极拳的历史渊源或社会学意义入手（这是20世纪对这些学科来说最常见的研究方法），而是先解释是什么目标激发了人们习练太极拳，接着展开论述，比如习练时会有什么样的身体感觉和心理体会，在论述的同时，会对一些基本概念进行专门剖析。总之，她的作品很有感染力。

在整个20世纪60年代，德尔扎从未停止传授、宣传和研究太极拳。后期研究成果大多是较短的期刊文章。此外，随着移民政策的放宽，德尔扎遇到了更多其他太极拳运动员，并继续向他们学习新的招式，完善自己的技术和理论。她的一些文章和书籍也在20世纪80年代继续流传。尽管如此，她在吴式太极拳圈子之外仍是一个不太知名的人物。遗憾的是，她对中国武术这种体育文化所持的哲学化的态度，其影响被20世纪80年代的功夫热所冲淡。

---

① "Sophia Delza vs. The Black Belt Ethos: Post-Materialism in the Chinese Martial Arts," accessed October 20, 2018.

第二章 索菲亚·德尔扎的中国武术研究

太极拳是中国武术众多优秀拳种之一。那么什么是拳呢？德尔扎认为，拳实指拳头（fist），喻指行动（action），蕴含着力量和克己的统一。德尔扎进一步解释道：拳是动作和目标的综合体，其动作要求有章可循，其终极目标就是保护自己；要想在拳上有造诣，就要给自身练就一个免疫系统，免受来自外部暴力的摧残和自身疾病的摧残，同时要有克己的能力①。她还将中国的拳和西方文化中的拳作了一番比较：与中国人对拳的理解不同，西方人认为拳喻指挑衅性的攻击，因此西方的体育运动系统，热衷于过度张扬自我，坚信只有硬狠（hard and tense）的动作才能代表力量和控制②。

德尔扎所认为的习练太极拳的目标，是达到身心二元的调和。要做到这一点，就必须通过特定动作、有意识的表现来激发特定的身体感觉。很多时候德尔扎把习练太极拳看作探索强大自我的有力工具。在德尔扎看来，太极拳"既能滋养身体，又能安定灵魂"（nourish the body and calm the spirit），"作为一项运动，它将动作给予思想；作为一种哲学，它将思想赋予动作"（a technique that, as an exercise, can give action to thought, and, as a philosophy, can give thought to action）③。

德尔扎认为，太极拳不是任何其他艺术舞蹈形式的副产品；它不是源自中国古代的仪式舞蹈，也不是民间的或中国古典戏剧舞蹈，太极拳是形和用的综合体。动作和动作转换的元素如此完美地组合在一起，它是最具有深层蕴意的一种艺术。从美学角度看，它可以与巴赫的作品或莎士比亚的《十四行诗》相媲美。然而，太极拳并不是面向观众的艺术。对于习练者来说，它是一种动作艺术。观察者被它的美所感动，只能推测它的内容。唯有在不断变化过程中体验动作的奥妙才能领悟太极拳的本真④。太极拳具有实战性，比如上海很多水平比较高的人都在习练推手。对此德尔扎是承认的，但是她认为推手是水平较高的人练的，对初学者不适宜。

---

① Sophia Delza, *T'ai Chi Ch'üan: Body and Mind in Harmony* (New York: David McKay Co., 1961), p.6.
② 同上书，第8页。
③ 同上书，第3页。
④ 同上书，第4页。

德尔扎的舞蹈背景似乎把她引向了武术研究的一个截然不同的方向。在她的作品中,我们看到了她对"具身知识"的兴趣,这种兴趣在当前的武术研究讨论中仍占主导地位,由此可见德尔扎为数不多的作品在英语世界中国武术学术界的影响力。在德尔扎眼中,太极拳是纯粹的健身运动,与政治无关(apolitical)。因此,她思考最多的是太极拳本身和习练者个人,而不是经济、社会等外在的因素。事实上,这种观点在20世纪六七十年代是不被看好的。她的太极拳理论没有发扬光大,不是因为她的太极拳理论是错误的,而是她的理论和20世纪五六十年代英语世界的社会价值观分道扬镳。两次世界大战的阴影还未消失,冷战乌云笼罩世界,现代化正蓄势深入发展,经济增长不稳定,人们的物质需求还没有获得保障,她的理论也没有被大众认可。然而,随着美国社会进入后工业时代,那些被西方学者称为"意念产业"(mindfulness industry)的健康太极拳推广活动变得备受推崇。当我们今天再去体味德尔扎当年对太极拳的健康解读时,谁又能说德尔扎不是个预言家呢?只不过她的中国武术观在她所处的时代被忽略了。

今天,除了吴式太极拳家族,很少有人记得德尔扎非凡的一生了,也很少有人记得她为在西方普及和推广中国武术所作的许多贡献。正如贾金斯在一篇博文中所说:

> 德尔扎的职业生涯创造了许多令人瞩目的"第一",她是中国武术在美国历史上的先驱人物,无论走到哪里,她都必须不断地开拓新的领域。然而,在回顾她的生活和遗产时,我们不仅重新认识了一位传播中国武术的先驱,还看到了中国武术文化在现代性中可能出现的一个不同方面。我还要指出的是,索菲亚·德尔扎的生活在很多方面仍然是一个未尽的故事。我认为,还没有人对她的武术生涯进行过重大的传记性评估。那可能是一个非常有趣的项目。此外,她还给纽约公共图书馆留下了不下95箱文件①,包括信件、期刊、未发表的手稿、少儿功夫教学课程计划等。我相信,在研究这些材料的同时,美国被

---

① 据笔者从纽约公共图书馆网页提供的信息所知,德尔扎的每一箱遗产都登记得很详细,包括大量与中国武术相关的资料,详见 https://www.nypl.org/sites/default/files/archivalcollections/pdf/dandelza.pdf。

第二章 索菲亚·德尔扎的中国武术研究

遗忘的中国武术历史的其他方面也会被揭示出来。①

第四节 小 结

在德尔扎的心中，太极拳是优雅的、是智慧的。从她为数不多的著作中，甚至是从书的标题中，我们似乎看到了艺术家的思维。德尔扎提倡习练太极拳要去政治化，要专注于身心。她是英语世界太极拳传播的先驱，为太极拳的国际化发展作出了卓越的贡献，她的研究具有十分重要的现实意义。我们不应当让她的事迹消失在历史的长河中。尽管我们目前对德尔扎知之甚少，但是她留下的95箱个人遗产还在纽约公共图书馆中。也许今后有研究者有机会挖掘这些材料，让这段尘封的历史有一天能够复活。

德尔扎出生于1903年，到了1949年前后才跟马岳梁老师学习太极拳。也就是说她在45岁之后才开始习练太极拳，而在此之前基本上与太极拳没有什么关系。但是从她所作出的成就来看，她是十分用心地学习、体验的。只有用心、用脑去悟、去反思，才能将事情做到极致。

另外，用比较的眼光看待国内外的艺术家对中国武术的践行，我们还会发现国外的艺术家与武术结缘以后，除了身体力行，往往会对武术的本体作学术上的探究，以求惠及更为广泛的人群；而中国国内的艺术家与武术结缘以后，往往会通过身体的锻炼去悟道，很少有人对武术本体展开学术层面的研究，而是热衷于表达自己的武术情怀和用口传身授的方式去传播武术精神。爱好者如果不去作务实的研究和学理反思，最终也难以产出研究成果。从"半路出家"的太极拳爱好者，到主动研究者，再到积极传播者，德尔扎在武术这条路上树立了典范。

---

① Benjamin Judkins, "Imagining the Chinese Martial Arts Without Bruce Lee: Sophia Delza, an American Taiji Quan Pioneer," *Kung Fu Tea*, April 26, 2013, accessed December 8, 2018, https://chinesemartialstudies.com/2013/04/26/imagining-the-chinese-martial-arts-without-bruce-lee-sophia-delza-an-american-taiji-quan-pioneer/.

第三章
斯坦利·亨宁的中国武术研究

长篇小说《遥远的救世主》中有句话——透视一个社会依次有三个层面：技术、制度和文化。首先是技术。技术本质上是人类赖以生存的能力，具体来说就是人与自然相处的过程中不断积累起来的、可供人类生存、生活和发展所用的经验和知识。其次是制度。制度就是确保技术得以正常运作的保障性规范。具体来说就是要求大家共同遵守的办事规章或行为准则。例如，在一定历史条件下形成的法令、礼俗、思想等。再次就是文化。文化即惯习。换言之，技术和制度充分发挥，会导致群体性的习惯养成，这种群体性的习惯就是文化。我们统观这三个层面，便不难理解"小到一个人，大到一个国家、一个民族，任何一种命运都是文化的产物"。美国独立学者斯坦利·亨宁对中国的透视基本上涵盖了这三个层面。他的出发点就是中国武术。

第一节　斯坦利·亨宁的生平

斯坦利·亨宁是美国独立学者、中国武学研究专家，在中国武术研究方面著述颇丰，尤其是在中国武术史方面，至今仍笔耕不辍。他的最新著作《中国武术：历史与实践》(*Chinese Martial Arts: History and Practice*)① 出版于2017年2月。亨宁于20世纪60年代至90年代在美军中服兵役28年（1965—

---

① ［美］韩宁（Stanley E. Henning）：《中国武术：历史与实践》，北京：民族出版社，2017年。

1993),其间由于不同的任务曾被派往中国台湾、越南、韩国、日本、中国香港等地,负责教授美军军官高级汉语课程和主持区域问题研究课题。1995年至1996年曾经在云南师范大学教授英语语言文学,1999年至2004年任美国国防部中国政策文职职员,之后曾担任美军太平洋司令部的国际关系顾问。

亨宁与中国武术结缘始于20世纪70年代,当时还为自己取了个中文名字"韩宁"。此后,对中国武术的钻研始终是其生活的一部分。他的钻研主要包括学拳、研究、旅行三个部分。首先是学拳。亨宁于20世纪70年代在中国台湾期间,师从武朝相(Wu Chao-hsiang),学习杨式太极拳和山西形意拳。其次是潜心中国武术史研究。自20世纪80年代以来,他以外国人的独特视角研究中国武术,在英语世界围绕中国武术的话题著书立说,打开了外国人通过武术来研究中国文化和中国人的一个窗口。最后是在几处武术之乡行走,亲身体验中国武术发展的土壤,如形意拳的发祥地山西太谷、有"易学之都"美誉的甘肃天水等。

第二节 斯坦利·亨宁的中国武术观

亨宁的研究基本上直面中国武术文化发展中悬而未决的问题,比如中国武术的神秘历史渊源、少林武术究竟是什么、内家和外家何时分野,等等。

一、研究中国武术应摒弃其神秘性

中国武术在发展的过程中产生了神秘性,其原因一是武术的来源尚不明确,二是某些武功的强度有被夸大之嫌。这种神秘性在"庚子拳乱"时达到高峰。国内,自民国以来,以唐豪、徐哲东[1]为开端的武术史研究以严谨的学术态度和翔实的考据资料,对某些神秘性进行了揭秘。中华人民共和国成立以后,尤其是在20世纪80年代的武术"挖整运动"之后,中国武术的神秘性基本让位于理性,神秘性成了武侠文学、影视的专属。而在国外,中国武术的神

---

[1] 详见唐豪:《少林拳术秘诀考证》,太原:山西科学技术出版社,2008年;徐哲东:《国技论略》,太原:山西科学技术出版社,2003年。

秘性恰似一种引力,影响着普通大众也影响着学术小众。对此现象,亨宁进行了比较苛刻的批判:

> 东方武术研究领域的西方圈子呈现出不断扩大的趋势,许多所谓"学者"高举学术的标准、扮演着中国武术神秘性的卫道士,正在不断地作出知识妥协。他们这样做,似乎是想让人们知道,将这些神秘性公布于众是一种不敬的行为,会伤害中国人民的感情,是对那些正致力从东方神秘主义中发现新时代庇护所的伪西方知识分子的羞辱,甚至更糟的是会导致这些学者失去对某门学科的兴趣,而这一学科正是他们津津乐道但是又说不清的话题。①

亨宁的矛头似乎是冲着同为美国学者的何肯(Charles W. Holcombe)来的,因为何肯认为撕开神秘的面纱、露出武术的真面目是一个错误的美国现代物质主义的冲动②。亨宁还认为,何肯作此研究的时候,主要依赖英语文献,其中不少都存在误导性。亨宁建议何肯应当听从西蒙·里斯(Simon Leys)的话:"在研究中国文化和历史时,汉语是我们的第一向导和老师;忽视汉语证据而去投入研究并付出宝贵的时间和精力就是傻瓜。"③亨宁本人精通汉语,是个名副其实的中国通,所以才大胆说出这样的话,不过说得十分有道理,毕竟只有精通一门语言,才能够真正体验该语言所承载的文化。遭到批判的还有美国学者施迈克(Michael F. Spiessbach),因为施迈克在一篇文章中将中国武术界的菩提达摩之谜称为"一条经历1500年发展而来的、历史悠久的武术之路"。亨宁认为菩提达摩之谜出现的时间不可能回溯到写于1904年至1907年的《老残游记》之前,所以毫无证据表明菩提达摩之谜是"一条……历史悠久的武术之路"。在亨宁看来,即使是被奉为汉学典范的李约瑟(Joseph Needham)所写的《中国科学技术史》(Science and Civilization in China),也忽视了将中国

---

① Stanley E. Henning, "On the politically correct treatment of myths in the Chinese martial arts," *Journal of the Chen Style Taijiquan Research Association of Hawaii* 2, no. 3 (1995): 17.

② Charles Holcombe, "Theater of Combat: A Critical Look at the Chinese Martial Arts," *The Historian.* 52, no. 3 (1990): 411~431.

③ Simon Leys, *The Burning Forrest: Essays on Chinese Culture and Politics* (New York: Holet, Rinehart and Winston, 1986), p.97.

武术归为道家核心修炼方式的历史依据。总体而言,亨宁认为,美国人在20世纪90年代对中国武术的理解水平,差不多相当于中国人20世纪20年代的理解水平。

那么,如何正确看待中国武术的神秘性呢?亨宁认为,不是神秘性本身,而是神秘性背后的故事,才具有启发性;继续执着于神秘性只会导致永远摆不正武术在中国社会中的地位;围绕着各家各派拳种而制造出的神秘性是正确理解中国武术的最大障碍。亨宁还认为,处理中国武术的神秘性的底线是:顺从于中国武术的神秘性不仅毫无道理,而且不配成为严肃科学研究的一部分,那些自以为是的美国武术研究者早该迈入21世纪了。

二、少林武术是中国大众文化的幻影

少林寺与武术的结合,经过电影媒介的加工,少林武术俨然成为中国武术文化的招牌符号。国外的中国武术研究者往往将少林寺作为了解中国武术的窗口,像夏维明①、洛奇②等研究者都曾撰文详谈少林寺与中国武术的渊源。

在亨宁看来,西方学者将少林武术吹得天花乱坠,似乎中国武术就是"深山老林中神秘武僧的杰作"③。事实上,中国武术是中国大众文化的缩影;许多人以为少林寺是中国武术的中心和故乡,这是对中国武术最大的误解。亨宁认为少林寺与武术的关系是"真人真事"和"传说"混合的故事,其中"真人真事"主要包括唐代"十三棍僧救唐王"和明代"月空和尚率武僧抗击倭寇","传说"主要包括元末"紧那罗王护少林寺"、梁朝"达摩禅师为少林拳的祖师"和清代关于南少林寺的故事。通过考察研究,亨宁发现,在任何时候,都只有少部分僧人练武,而且也没有任何证据表明千佛殿里的48块砖上的陷坑一定是练武造成的。他还认为,少林寺的拳法不是寺内发明的,是老百姓皈依佛门时带

---

① Meir Shahar, *The Shaolin Monastery: History, Religion, and the Chinese Martial Arts* (Honolulu: University of Hawaii Press, 2008).

② Peter A. Lorge, *Chinese Martial Arts: From Antiquity to the Twenty-first Century* (Cambridge University Press, 2012).

③ Stanley E. Henning, "Martial arts myths of shaolin monastery part 1: The giant with the flaming staff," *Journal of the Chen Style Taijiquan Research Association of Hawaii* 5, no. 1 (1999).

进去的。首先,僧人来自社会各个阶层,而在佛教传入中国之前,这些阶层的人们都普遍习武。其次,寺庙本身拥有大量的土地和财富,他们也需要保护,而这只能依靠他们自己的力量。其他寺庙是这样,少林寺也不例外。所谓少林拳是黄宗羲的《王征南墓志铭》问世后对寺内所练拳术的总称。亨宁认为,少林寺对中国武术的意义不过是当作民间文化的反映和象征而已①。但是,神秘性和事实在维护少林寺方面同样重要。

亨宁还从政治的视角考察少林寺与武术的关系。他认为,少林寺也并非不问政治的清净之地。中国武术的习练是社会各个阶层的行为,甚至僧人习武都带上了政治的色彩。武僧帮助唐高祖建立天下,后来唐武宗认为武僧对皇权来说是威胁又遣散了他们。蒙古族建立元朝,和尚福裕在政治妥协下被准于在北方再建5个少林寺分部,结果只在天津盘山建了1个,"二战"期间被日本人破坏,不久又重建。明朝时期,僧人参与抗击倭寇,等等。甚至连哪些少数民族习武,都吸引了亨宁的目光。在另一篇评夏维明的《少林寺:历史、宗教和武术》(The Shaolin Monastery: History, Religion, and the Chinese Martial Arts)的文章中,亨宁在论史的同时,将目光拉回当下,提到少林寺现任主持释永信所使用的"武禅"(martial Chan)和"拳禅"(boxing Chan)概念,亨宁认为这体现了少林寺避免过度商业化的意图②。

三、中国武术分为外家和内家是绝对的误导

中国武术有内家、外家之分,在中国人看来似乎是不容置疑的,就连《中国体育大百科(第二版)》也是这样定义内家拳的:"中国拳术流派之一,因与外家拳(少林拳)相区别,故名内家拳,其特点是以静制动,以柔克刚。"③关于内家拳的源流,一般认为起于南宋张三丰,这是黄宗羲在《王征南墓志铭》中所阐述的观点。对此,武术史学家唐豪在《少林武当考·太极拳与内

---

① Stanley E. Henning, "Reflections on a visit to the Shaolin monastery," *Journal of Asian Martial Arts* 7, no. 1 (1998): 90~101.

② Stanley E. Henning, "Review on *The Shaolin Monastery: History, Religion, and the Chinese Martial Arts*," *Journal of Asian Martial Arts* 17, no. 2 (2008): 73~74.

③ 详见《中国大百科全书》总编委会:《中国大百科全书(第二版)》,北京:中国大百科全书出版社,2009年,第303页。

第三章　斯坦利·亨宁的中国武术研究

家拳·内家拳》一书中加以批判。唐豪认为："言三丰为内家技击之祖者，始于此文，然不足信也。"梦中授拳……其说荒诞"①。唐豪认为，内家拳的创拳者是张三丰的说法并不可信。亨宁在唐豪的研究基础上，对中国武术内外家的总体分野提出疑问。亨宁认为，将中国武术分为内家拳和外家拳，无论是从理论上还是从历史上来看，其概念本身都是不成立的，理由是：第一，从理论上看，中国武术的基本原理是内外合一、刚柔相济，如《吴越春秋》"越女故事"中所论述那样："其道甚微而易，其意甚幽而深。道有门户，亦有阴阳。开门闭户，阴衰阳兴。凡手战之道，内实精神，外示安仪。见之似好妇，夺之似惧虎。"苌乃周的《武技书》、武禹襄的《打手要言》、俞大猷的《剑经》、程宗猷的《少林棍法阐宗》、吴殳的《手臂录》、张孔昭的《拳经拳法备要》都论述内外合一的道理。即使是被看作外家拳代表的少林武术也是基于道家的阴阳互动世界观。第二，从历史上看，中国武术分内外两家的错觉出自黄宗羲的《王征南墓志铭》。在亨宁看来，该墓志铭的主要目的不是论述拳法理论，而是黄宗羲反抗清朝政权的手段。黄宗羲将中国武术分为内家、外家有其政治意图。内是道家的象征，是武当山，是本土的，是国内的，是本民族的；外是佛教的象征，是少林寺，是外来的，是国外的，是异族的。黄宗羲写《王征南墓志铭》首次提出内家和外家，其目的不全是用来阐释武术，而是带有一定的政治隐喻。黄宗羲本人是明朝遗老，其立场就是反对满族入侵。②亨宁还认为，黄百家《内家拳法》中的内家不过是名义上的内家而已，总的来说还是讲究内外合一的。黄百家可能是为了延续其父黄宗羲的反清意志而转移官方注意力。另外，曹秉仁的《宁波府志·张松溪传》很可能也是继续黄宗羲的反清意图。松溪的师父孙十三老可能就代表孙子13篇，意思就是汉族人用孙子兵法来反抗清朝统治。之后其他提到内家、外家说法的都源自《王征南墓志铭》。基于上述两个原因，亨宁（1997）十分肯定地认为将中国武术分为内家、外家是误导。

---

① 唐豪：《少林武当考·太极拳与内家拳·内家拳》，太原：山西科学技术出版社，2008年，第98页。
② Marnix Wells and Stanley E. Henning, "Boxer Zhang Songxi and the Origins of the Internal-External School Concept," *Journal of Asian Martial Arts* 20, no. 2 (2011): 22~29.

四、中国武术研究尚缺少深入的社会学阐释

亨宁回顾自己研究中国武术史的历程，他的第一篇论文就是 1981 年 12 月在《军务》(Military Affairs)杂志上发表的《历史视角下的中国武术研究》("The Chinese Martial Arts in Historical Perspective")。之所以发表在这样的学术期刊上，是因为想强调根源于军事实践的中国武术，其史学研究存在很多令人震惊的无知现象[①]。鲍尔·克劳普顿在其硕士论文《太极艺术》(The Art of T'ai Chi)中有一句话，"真也好，假也罢，传说的存在有助于促进太极拳的发展并令许多人为之奋斗。"(True or not, the very existence of the legends tends to elevate T'ai Chi and make it something to be striven for.)[②] 亨宁对此非常赞同。亨宁意识到，原来"无知是福"(Ignorance is bliss)不仅是说说而已，对于某些人来说是事实。亨宁拿张三丰的传说作为例子，他将张三丰的传说分为三个阶段，第一阶段是 1669 年之前，张三丰被视为道家神仙（明朝皇帝对道教的信仰）；第二阶段是 1669 年至 1900 年，张三丰被视为内家拳的鼻祖（1669 年黄宗羲撰写《王征南墓志铭》）；第三阶段是 1900 年以后，张三丰被视为太极拳创始人（大约 1900 年，少林寺和菩提达摩被重提，武当派和张三丰顺势也成为话题）。在亨宁看来，张三丰传说跟着社会的需求在转变，将一个小村走出来的太极拳推向世界。中国武术史的很多方面，亟待学者用有洞察力的眼光和广博的社会学知识去阐释。

亨宁从 20 世纪 80 年代开始陆续发表关于中国武术史的文章，指出汉语为母语的学者对武术史及其本质的种种误解。例如，对中国学者以地理来解释"南拳北腿"，亨宁认为仅用南北地理的不同来解释"南拳北腿"是肤浅的，且"南拳北腿"的说法本身就比较片面。要真正理解南方拳种的特征成因应该从历史与理论中找原因，如明代唐顺之《武编》中的长拳与短打理论和戚继光的《纪效新书》等对南拳的影响，等等[③]。

[①] Stanley E. Henning, "Ignorance, Legend and Taijiquan," Journal of the Chen Style Taijiquan Research Association Of Hawaii 2, no. 3 (1994): 1~7.

[②] Paul Crompton, The Art of T'ai Chi (Rockport: Element, Inc., 1993), p. x.

[③] Stanley E. Henning, "Southern Fists and Northern Legs: The Geography of Chinese Boxing," Journal of Asian Martial Arts 7, no. 3 (1998): 24~31.

第三章 斯坦利·亨宁的中国武术研究

同样，对于国家体委编写的 1997 年版的《中国武术史》，亨宁认为其中很多武术史研究的关键问题都被避开了，如太极拳的起源、内家拳的历史背景和"南拳北腿"等的真假是非，并对各章细节逐一点评，指出不足。即使是当代武术研究大家亦在被批判之列，如康戈武、习云太、程大力、旷文楠、郝心莲、张选惠等。作为外国人的亨宁，能以敏锐的嗅觉关注中国武术史研究的风吹草动是可敬的。此外，亨宁还指出《中国武术史》一书中列举的武术典籍书目不够齐全，如明代书目缺少《武备要略》和《武备新书》，清代书目缺少《绘象罗汉行功全谱》，而这些都是武术研究参考资料的无价之宝。① 可见，亨宁的史料阅读量极大，对于学术研究一丝不苟。

另外，亨宁对武术界缺乏考证的出版物也进行了批判。但他发现，这些粗制滥造的出版物，却比严谨的学术图书，像唐豪、徐哲东的书受欢迎，这个问题值得思考。

五、中国武术在中国体育界应该做主角

亨宁认为，武术作为中国文化的重要构成元素，不应当是作为配角的体育运动。(The martial arts truly are an ingrained element of Chinese culture, not just sideshow sports.)② 在他看来，武术在中、日、韩等东方国家都是一种生存方式。中国武术集中反映了道家的世界观。日本最著名的剑道和柔道是由中国移民陈元云引入的 Rise-Fall Style Boxing 演化而来的，空手道也是由福建传到冲绳再进入日本本岛的。韩国武术明显受中国武术影响，大部分内容是在明代传入的，跆拳道则是中、日、韩武术的综合。关于中国武术在世界体育中的地位，亨宁认为中国武术之所以不能像柔道、跆拳道、空手道那样成为奥运会项目，是因为拳种流派太多。面向 21 世纪的中国武术要想进入奥运会，就要摒弃门户之见，设计出各门各派都能平等参与的形式和规则。

---

① Stanley E. Henning, "Review on *Chinese Martial Arts History*," *China Review International* 5, no. 2 (1998): 417~424.

② Stanley E. Henning, "Martial Arts: An Ingrained Element of Chinese Culture," April 20, 2014, accessed December 12, 2018, http://seinenkai.com/articles/henning/Ingrained%20in%20Culture.pdf.

第三节 小　结

斯坦利·亨宁是美国较早研究中国武术文化的学者。他在云南、香港和台湾都生活过，在美国国防部及美军太平洋司令部工作过。丰富的生活阅历使得他的中国武术研究深入而透彻。他的研究成果是英语世界研究中国武术的学者必读的材料。从研究成果来看，亨宁的中国武术研究涉及的主题十分广泛，不仅仅是武术史学，还包括政治学、文化学、军事学等。

从研究现状来看，国外的跨文化研究，尤其是美国的跨文化研究，竭尽可能地去探究所在国的思维模式和行为方式，往往动用文化学者、社会学家深入他者的领地去探本溯源，刨根问底。比如，美国学者鲁思·本尼迪克特（Ruth Benedict）的《菊与刀》（*The Chrysanthemum and the Sword*）足以作为跨文化传播研究的经典。本尼迪克特使用文化人类学所能使用的一切研究手段，通过文化研究来深入了解日本人的民族心理。

亨宁的中国武术研究与此似乎有相似之处。虽然目前的中国武术研究百花齐放，学者不断开拓研究的疆域。但是在20世纪90年代，亨宁的中国武术研究无疑让人眼前一亮。

第四章
本杰明·贾金斯的中国武术研究

武之大者，国之大事。武术的前身是国家军事，由军事发展为武术的过程即从国之大事转变为民众日常生活的过程，而文明化、社会化、理想化则是这一过程的实现路径。武术是中国国家形象建构的载体之一。武术具有文化性、艺术性和体育性三性，统一于中国传统"和"的精神。其应围绕中国国家形象的核心定位，在国际上担负起塑造国家良好形象的作用[①]。因此，武术和政治息息相关。

事实上，体育政治学在西方是常谈常新的话题，其指利用体育手段来影响外交、社会和政治关系的一门学科，旨在传递政治讯息、实现政治目的[②]。在不同的体育项目（如乒乓、足球、网球、拳击等）、不同的国家（如美国、德国、巴西、朝鲜等）中，都出现过许多体育政治事件。南非前总统纳尔逊·曼德拉说过："体育有改变世界的力量。它以无可替代的方式鼓舞人心、团结人民。它能在绝望的地方创造希望。在打破种族障碍方面，它比政府更有力量。所有类型的歧视在它面前都不值一提。"[③]

就英语世界中国武术与政治的关系研究而言，爱尔兰国立梅努斯大学的吕

[①] 郭玉成、李守培：《武术构建中国国家形象的定位研究》，载《北京体育大学学报》，2013年第9期，第9~18页。

[②] Jonathan Grix, *Sport Politics: An Introduction* (London: Springer, 2015).

[③] 转引自 Grix. *Sport Politics: An Introduction*, p.1.

洲翔在《中国武术与民族身份认同》(*Politics and Identity in Chinese Martial Arts*, 2018)①一书中作了较为详细的研究。该书全面阐述了中国武术在历史与政治背景下的发展历程，突出了近两个世纪以来中国武术在民族建设与认同建设中的作用。本章要讨论的研究对象是美国学者本杰明·贾金斯。贾金斯之前在国际政治和区域政治领域较为活跃，目前在中国武术研究领域异常活跃。之所以选贾金斯作为个案研究，是因为他既有政治学的博士学位，又对中国武术研究持有浓烈的兴趣和较高的敏感性，目前在中国武术研究方面成果丰硕。

第一节　本杰明·贾金斯的学术背景和治学取向

本杰明·贾金斯是当今英语世界中国武术研究领域非常活跃的成员之一。2004 年，贾金斯在哥伦比亚大学以博士论文《经济治国方略和政体类型》("Economic Statecraft and Regime Type")通过博士答辩并获政治学博士学位。博士毕业之后，贾金斯就职于犹他大学（2004—2012），教授国际关系课程。他的研究兴趣包括全球化与社会冲突、国际政治与经济、区域政治和武术研究。在犹他大学工作期间，贾金斯正式拜师学习咏春拳。除了习练咏春拳，他还习练武当剑法，但只是作为爱好浅尝辄止。2016 年至 2018 年，贾金斯到康奈尔大学东亚研究所做访问学者，其间，他开始对中国武术作更进一步的深入研究。可以说，目前他的学术兴趣点基本上定位于中国武术研究，透过中国武术研究探究中国的治国方略和中国人的日常生活。主要表现在以下几个方面：

第一，目前手头在研项目："功夫外交：软实力、武术和中国全球品牌战略的发展"（"Kung Fu Diplomacy: Soft Power, Martial Arts and the Development of China's Global Brand"）。目前学术兼职：（1）期刊《武术研究》(*Martial Arts Studies*)的合作创始人和联合主编；（2）武术研究学术博客"功夫茶"（Kung Fu Tea, chinesemartialstudies.com）的博主②。一本线下期刊，一个线上平台，所涉猎的内容尽管不全是关乎中国武术研究，但中国武术研究的文章占据较大

---

① Lu Zhouxiang, *Politics and Identity in Chinese Martial Arts* (New York and London: Routledge, 2018).
② 详见 http://www.sunypress.edu/p-6083-the-creation-of-wing-chun.aspx，访问时间：2020 年 7 月 19 日。

第四章 本杰明·贾金斯的中国武术研究

的分量。

第二，主要的学术成果。2015 年，贾金斯和尼尔森合作完成《咏春拳的创造：中国南派武术的社会史研究》(The Creation of Wing Chun: A Social History of the Southern Chinese Martial Arts)。其学术意义正如有的书评所言："如果缺少像贾金斯和尼尔森这样对中国武术史的微观而深入地探究，就不可能正确理解晚清至 20 世纪的中国历史。"其他公开发表的作品还有：《咏春拳的创造：一个德国人的个案研究》(The Creation of Wing Chun: A German Case Study, 2018)、《功夫的发明》(Inventing Kung Fu, 2014) 等，以及几乎每周一篇武术研究的超长学术博文（academic blog），等等①。

第三，主要的学术活动。贾金斯的公开讲座、主题报名和采访等几乎都与中国武术研究相关。例如，2017 年在德国刀剑博物馆所作的报告题目为《阿尔弗雷德·李斯特：中国的贵族防身术》("Alfred Lister: Discovering the Noble Art of Self-Defence in China")②，在美国犹他大学所作的报告题目是《功夫外交：公众想象中的拳民暴动》("Kung Fu Diplomacy: The Boxer Uprising in the Public Imagination")③。同年，在韩国国立济州大学讲座的题目是《民间社会、模仿欲望和"中华民国"时期的功夫外交》("Civil Society, Mimetic Desire and China's Republican era 'Kung Fu Diplomacy'")④。2016 年，在德国科隆体育大学所作的报告题目是《创造咏春拳：探寻中国南派武术的社会史》("Creating

---

① 国外的一些高校逐步将报刊、网络社交媒体上传播的优秀成果纳入学术评价体系，这类成果被称为"社会学术"（social scholarship）、"公共学术"（public scholarship）或"社交媒体学术"（social media scholarship）。

② Benjamin Judkins, "Alfred Lister: Discovering the Noble Art of Self-Defence in China," A Keynote Address Delivered at the 1st International St. Martin's Conference, Fight Books in Comparative Perspective, held at the German Blade Museum, Solingen. Nov. 9~10, 2017.

③ Benjamin Judkins, "Kung Fu Diplomacy: The Boxer Uprising in the Public Imagination," Presented at the BYU Scholars, Second Annual Department of Political Science Workshop Provo, Utah, May 11~12, 2017.

④ Benjamin Judkins, "Civil Society, Mimetic Desire and China's Republican era 'Kung Fu Diplomacy'," Presented at the Korean Alliance of Martial Arts International Academic Conference at Cheongju University, Nov. 3~7, 2017.

Wing Chun: Towards a Social History of the Southern Chinese Martial Arts")①。同年，在英国卡迪夫大学的讲座题目是《阈限渴望和阈限归属：超现实、历史和对现代武术意义的探索》("Liminoid Longings and Liminal Belonging: Hyper-reality, History and the Search for Meaning in the Modern Martial Arts")②，此前一年在卡迪夫大学的讲座题目是《想象的叶问：咏春拳的全球化发展》("Imagining Ip Man: Globalization and the Growth of Wing Chun Kung Fu")③。

第二节　本杰明·贾金斯对中国武术研究信息点的捕捉

贾金斯的研究兴趣较为广泛，对中国武术研究信息比较敏感，他认为主要有以下两点值得国内中国武术研究界关注。

一、对武术人物时代意义的把握和演绎

在中国武术史上，有很多值得研究和书写的传奇人物。如何缅怀其人、传承其艺？这也许是我们国内当下非物质文化遗产项目要做的工作。白晋湘教授等指出："民族传统体育研究在非物质文化遗产保护的文化政策和实施方案推动之下，研究成果体现出研究定位从研究边缘向研究中心，研究技术从单一学科向交叉学科，研究方法从文献整理向田野实证，研究思维从国家逻辑向历史逻辑，研究视角从项目中心向生态中心，研究内容从外造秩序向内生秩序等转变。未来体育非物质文化遗产保护研究将更加注重人的主体性、文化生态建构和发展理念重塑，促进体育非物质文化遗产的生命力提升和可持续发展。"④贾

---

① Benjamin Judkins, "Creating Wing Chun: Towards a Social History of the Southern Chinese Martial Arts," A Keynote Address Delivered at the 6th Annual Conference of the German Society of Sport Science's Martial Arts Commission held at the German Sport University in Cologne, October 6~8, 2016.

② Benjamin Judkins, "Liminoid Longings and Liminal Belonging: Hyper-reality, History and the Search for Meaning in the Modern Martial Arts," A Keynote Address Delivered at the 2nd Annual Martial Arts Studies Conference held at the University of Cardiff, July 19~21, 2016.

③ Benjamin Judkins, "Imagining Ip Man: Globalization and the Growth of Wing Chun Kung Fu," A Keynote Address Delivered at the 1st Annual Martial Arts Studies Conference held at the University of Cardiff, June 10~12, 2015.

④ 白晋湘、万义、龙佩林：《探寻传统体育文化之根　传承现代体育文明之魂——非物质文化遗产视角下民族传统体育研究述评》，载《北京体育大学学报》，2017年第1期，第119~128页。

第四章 本杰明·贾金斯的中国武术研究

金斯似乎也意识到了此类工作的时代价值。在他看来，遗产不应只是将物品收集起来、套路和拳学思想整理起来就束之高阁，那样意义太过局限，而是要随着时代的需要，让传奇人物"活起来"，给时代的发展带来形而上的启发。

以传奇人物李小龙为例，英语世界中研究李小龙的学者大有人在。2018年7月11日至12日在英国卡迪夫大学，召开以"李小龙的文化遗产"为主题的第四届国际武术研究学术会议，来自美国、加拿大、英国、澳大利亚、日本、韩国、匈牙利、爱尔兰、中国香港等国家和地区的40余名学者对李小龙的文化遗产进行探讨，涉及的学科包括文化学、广告学、影视学、社会学、种族学、哲学等[①]。可见，李小龙的遗产已经不是一种有形之物，而是一种无形的智慧，这种智慧能够给不同的学科以启迪。

贾金斯以政治学者的思维研究李小龙。他认为李小龙的武术观在西方乃至全世界产生的影响之大是无人可以怀疑的。对于李小龙来说，武术超越了个人安全和自我提升的常规范式，成为自我实现价值的一种手段。也就是说，通过习武，人可以雕刻出一个全新的自我（new self），而这个全新的自我才有望充分适应全球竞争和冲突的挑战。至于修炼到什么程度，要明白只有懂得武术的本真（true nature），才能从令人乏味的动作中解脱出来。无论你是同意还是不同意李小龙的观点，你都无法低估李小龙在西方武术话语中产生的影响。贾金斯指出，研究李小龙、缅怀李小龙、追忆李小龙，并不是说没有李小龙，东方武术就难以在西方落脚。日本空手道早在20世纪初就在西方大力推广，韩国政府大力推广跆拳道是基于自身后殖民主义斗争的想象，当初德尔扎在美国推广太极拳也与李小龙无关。可以说即使没有李小龙，武术在西方也会获得不错的据点（a respectable foothold）。李小龙的过人之处就在于他对中国武术的深刻理解和有力的表达。

贾金斯认为，唯一可能的真正知识是通过广泛的实践和实验而获得的自我认识（self-knowledge），这种知识对于那些感到自己与社会权力或意义距离较远的人可能最有吸引力。李小龙关于自我实现的基本思想源于中国武术这种亚

---

① 马秀杰、姜传银、Paul Bowman:《李小龙的文化遗产——第四届国际武术论坛（英国卡迪夫大学）学术综述》，载《体育与科学》，2018年第5期，第13~18页。

文化,而武术亚文化通常是中国社会边缘化人群实现自我的一种手段。这一定与20世纪50年代中国香港的社会环境有关,当时在叶问的学校里,很多学生面临着多种成长问题,和社会格格不入。李小龙的贡献就在于他将这种基本生存模式与他那个时代的哲学和反文化潮流结合起来,使西方人同样能够获得自我创造的技术(technology of self-creation)。中国武术首次隆重进入大众视野是在20世纪70年代。那是一个动荡的年代,贸易市场的全球化造成了许多西方国家国内的经济艰难和收入不平等加剧。与此同时,一些西方国家在国外既面临安全挑战,又面临公开冲突。美国民权运动的成果也未能确保种族和谐的进展。传统的社会机制似乎到处受到攻击,社会正在努力寻找获得理解和应付挑战的新方法。从这些社会结构性因素来看,李小龙在银幕上的形象和武术哲学对寻求一套新工具以实现自我生产的一代人产生了如此深远的影响也就不足为奇了。在贾金斯看来:今天,在很多方面我们似乎进入一个相似的时代。虽然冷战已经结束,信息经济和服务经济已经取代了大生产经济,但是很多根本的担忧依然存在。经济不安全和社会冲突……公众对各种机构的信任程度已经达到历史最低点,过去曾支持过充满活力的社区的社会组织正在挣扎求生。这些因素很多都会直接影响今天的经济健康,在这样的社会背景下,西方武术学者寄希望于李小龙银幕形象和功夫哲学的社会意义学研究,希望从中找到出路。从西方武术学者对武术现象的深层考量发现,西方人对20世纪70年代李小龙引入西方的那种革命的复兴很是期待,自我创造理念和他的基本哲学似乎比以往任何时候都更为重要,似乎李小龙的个人奋斗、开拓实践的精武精神又有了发展新机。在李小龙诞辰75年之际,贾金斯满怀信心地预测:李小龙还会继续被演绎、演绎、再演绎①。

二、对媒体关于中国武术报道的解读

贾金斯对有关中国武术的媒体信息的捕捉甚为细致,他通览古今中外资料,不放过任何蛛丝马迹。他甚至对20世纪二三十年代上海、北京等城市的

---

① "Bruce Lee: Memory, Philosophy and the Tao of Gung Fu," https://chinesemartialstudies.com/2018/11/23/bruce-lee-memory-philosophy-and-the-tao-of-gung-fu-2/.

第四章 本杰明·贾金斯的中国武术研究

通商口岸英文报纸上的有关武术报道展开研究。他首先收集相关信息，然后利用"政治话语合法化分析"对文本展开研究。政治话语涉及人们日常生活的方方面面，如文教、外交、经济、环境等，武术的发展自然也被囊括在内。哈贝马斯（Juergen Habermas）认为，作为政治语言学概念之一的"合法化"是一种交际形式，承载着公众舆论、政治理念和学术观点。趋近化策略和社会认知阐释是实现政治话语合法化的途径①。所谓趋近化策略，指发话者（或阐释者）将空间、时间和价值意义向政治话语目的靠拢；社会认知阐释指对政治话语进行主观理解、评论，而这一过程又受其特定的社会认知影响。例如，贾金斯看到1932年某中国媒体对柔道的报道，他通过对话题进行分析发现：由于当时中日冲突，该报道从柔道的讨论中彻底抹去日本文化和武术的价值，有效地将柔道转变为一种以女性参与者为主的艺术及西方的运动。事实上，西方国家将柔道彻底本土化，几乎不把它当作源于日本的武术，而把纽约和巴黎等城市视为卓越的武术中心。贾金斯说："虽然这些报纸发表了数百篇关于中国武术的文章，但我认为我从未见过它们对具体的中国武术技术进行过详细的讨论。相反，演示只是为了启发读者，而不是为了教育读者。"②

贾金斯还在他的学术博客上开专栏《媒介报道中的中国武术》（Chinese martial arts in news）。半常规性（semi-regular）地分析主流媒体如何报道中国武术事件，而且按照惯例，年终还要对全年媒体上关于中国武术的报道进行回顾，并挑选出十大武术新闻事件进行点评。例如，2018年的十大武术新闻事件③，在贾金斯看来，每一个事件的背后都有政府的政治意图。

贾金斯还在世界范围内的媒体上捕捉中国武术的相关报道，例如 *South Coast Register* 新闻网2018年5月21日关于少林寺海外发展的报道④；中国香

---

① 武建国、牛振俊：《趋近化理论视域下的政治话语合法化分析——以特朗普的移民政策为例》，载《中国外语》，2018年第6期，第48～53页。

② "Research Notes: Judo's Triple Transformation in the China Press (1932)," https://chinesemartialstudies.com/2018/11/18/research-notes-judos-triple-transformation-in-the-china-press-1932/#more-8153.

③ "Events and Trends That Shaped the Chinese Martial Arts in 2018," https://chinesemartialstudies.com/2018/12/27/events-and-trends-that-shaped-the-chinese-martial-arts-in-2018/.

④ "Further works being carried out to lodge Shaolin Temple development application," https://www.southcoastregister.com.au/story/5419742/work-hoped-to-start-on-shaolin-temple-by-end-of-year/.

港《南华早报》(South China Morning Post) 2018年5月30日[①]和6月18日[②]关于武术娱乐节目和武术UFC赛事的报道，关注中国政府在武术赛事和武术节目中的角色；《上海日报》(Shanghai Daily) 2018年6月7日关于中国武术与戒毒的报道[③]；英国BBC新闻网关于太极拳对监狱囚徒健康促进的报道[④]；新华网关于太极拳在美国纽约发展的报道[⑤]；加拿大《星报》(The Star)、《旧金山周报》(SF WEEKLY)、《南华早报》等媒体关于李小龙逝世45周年的报道；新华网2018年7月3日关于尼泊尔文化中心和南京市广播电视新闻出版局联合举办武术文化展演活动的报道；CGTN关于北京千名幼儿园和小学生共演武术操的报道[⑥]，等等。不放过每一个新闻事件，并努力去作"政治话语合法化分析"，充分显示出政治学家的思维方式和分析视角。

此外，贾金斯还关注中国武学经典著作，如《武备志》，除了研究其内容，还对此书出版时的社会、经济、政治发展背景进行研究[⑦]。他还关注西方保存的中华人民共和国成立之前的拳照并加以文化、社会和政治方面的解读，指出一种特定的身体技术也许100年不变，但是其社会功能和意义会因不同人、不同时代的解读而变化[⑧]。挖掘新史料、运用新方法、通过不断解读试图还原事实满足当下需求，这实际上也正是所有人文社科研究的意义所在。总之，贾金斯在

[①] "Turning Shaolin monks into entertainers: Shanghai wrestlers tell the world about Chinese martial arts in the ring," https://www.scmp.com/sport/china/article/2148395/turning-shaolin-monks-entertainers-shanghai-wrestlers-tell-world-about.

[②] "Enter the Dragons: UFC on guard as it prepares for wave of Chinese fighters at elite level," https://www.scmp.com/sport/china/article/2150339/enter-dragons-ufc-guard-it-prepares-wave-chinese-fighters-elite-level.

[③] "Martial arts training offered to addicts," https://www.shine.cn/news/metro/1806075926/.

[④] "Poetry and tai chi to boost Swansea prisoners' health," https://www.bbc.com/news/uk-wales-south-west-wales-44496716.

[⑤] "Feature: Tai Chi gets popular in fast-paced New York," http://www.xinhuanet.com/english/2018-06/10/c_137243106.htm.

[⑥] "Nearly a thousand students perform martial arts gymnastics in Beijing," https://news.cgtn.com/news/3d3d674e7751444f77457a6333566d54/share_p.html.

[⑦] "Martial Classics: The Complete Fist Canon in Verse," https://chinesemartialstudies.com/2018/10/25/martial-classics-the-complete-fist-cannon-in-verse/.

[⑧] "Swords, Visuality and the Construction of China," https://chinesemartialstudies.com/2018/11/15/swords-visuality-and-the-construction-of-china/.

第四章　本杰明·贾金斯的中国武术研究

不断地开拓英语世界中国武术研究的视野。

第三节　本杰明·贾金斯的中国武术观

贾金斯带着政治学的知识储备和政治家的敏感，进入中国武术研究领域，透过中国武术看社会发展动向、国家治理方略等理论和现实问题。在英语世界为中国武术研究不断挖掘新史料、开拓新视角、提出新观点，我们应当以开放的心态和辩证的思维对待之。

一、咏春拳乃现代中国的新造传统

咏春拳是贾金斯进入中国武术研究领域的敲门砖，逐渐也成了他研究中国武术的主要载体。在其力作《咏春拳的创造：中国南派武术的社会史研究》中，贾金斯既探讨了咏春拳的发展历程，也分析了咏春拳对于全球化浪潮中崛起的中国意味着什么。

贾金斯是带着一连串的疑问去研究咏春拳的。1800年到1972年，咏春拳为什么在华南发展壮大？华南在当时中国的社会背景是什么样子的？从清朝到民国再到中华人民共和国，咏春拳得到了怎样的发展？咏春拳发展至今在全球有什么样的影响？全球影响力是怎样产生的？当满世界都认为咏春拳是中国的传统武术之一时，对于华南人的意义是什么？

作为政治学专业科班出身的贾金斯对新闻有着高度的敏感性。当他看到中国香港航空的空姐咏春拳培训宣传片时，他不禁在想：真的遇到恐怖分子，练习咏春拳有用吗？进一步思索，他明白中国香港航空的用意显然不在此。于是他萌生了关于咏春拳命题的研究假设"咏春拳是香港人，甚至是整个华南人的身份标记"。那么，"咏春拳拥有足够的资格和理据成为香港人的身份标记吗"？又成了贾金斯接下来的追问。中国香港回归，咏春拳作为整个华南人共有的身份象征，唤起了香港人的集体记忆，咏春拳就这样进入了贾金斯的学术视野[①]。

---

① Benjamin Judkins and John Nielson, *The Creation of Wing Chun: A Social History of the Southern Chinese Martial Arts* (New York: State University of New York Press, 2015), p.2.

当李小龙在20世纪50年代跟叶问学咏春拳的时候,香港当时练咏春拳的人不超过1 000人;再往前推,叶问在佛山学拳的时候,学咏春拳的看来不超过两打(two dozen)人,怎么就能成为华南人的传统有效身份呢?① 据贾金斯考证:叶问原先是佛山富裕地主,小时候学过咏春拳,做过佛山警察局便衣侦探,1949年前往中国香港,开始收徒教咏春拳。20世纪50年代,由于金庸小说的出版、发行,武术热兴起,睿智的叶问充当了"中国功夫小老头"②的角色,开始传播咏春拳。接着便是对当时中国的社会、政治、经济背景进行尽可能详细地挖掘。贾金斯就此得出结论:从咏春拳的发展历史来看,是现代现象,是新发展起来的传统,中国传统武术是否都是真传统,值得怀疑。

从术语概念的选用上,贾金斯故意避开Wushu、Kungfu、Chinese martial arts等约定俗成的表达,而较多使用了hand combat。贾金斯认为,中国武术的叫法不少,但是各有含义。使用哪种或者不使用哪种术语,通常是政治考量的选择。中国北方人似乎不喜欢外国人用"功夫"一词,他们认为"功夫"一词让人想到的是勤奋(diligent practice),勤奋是针对各行各业的要求,不具备武术的特质。但是中国之外的人有时也很反感"武术"一词,因为这让人联想到政府所推广的竞赛体育,和现代体操几乎别无二致。贾金斯还发现,在英语文献中,西方也有不少人使用boxers一词指代中国武术习练者,这令一些学者担忧,因为中国武术习练者(boxers)让人很容易和义和团运动(Boxer Uprising)联系在一起,从而携带很大的负面意义。虽然贾金斯也注意到另一位中国武术研究专家夏维明曾使用hand combat,并且他也认为hand combat过于中性化,毫无特质,但是他仍然倾向于使用hand combat一词来指代中国武术。在贾金斯看来,在西方人潜意识中,martial arts话语必须包含师父、学生、技艺、历史传承、谱系等。而如今,尤其是对于源远流长的中国传统来说,还必须具有新时代的精神意义(New Age spiritual benefits),如此才能称为"术"

---

① Benjamin Judkins and John Nielson, *The Creation of Wing Chun: A Social History of the Southern Chinese Martial Arts* (New York: State University of New York Press, 2015), p.4.

② "中国小老头"是中国功夫片中的典型形象,这种形象因弗兰克的力作《太极拳和寻找中国小老头:透过武术理解身份》而在英语世界中逐渐被固化。

第四章 本杰明·贾金斯的中国武术研究

（art）。用贾金斯自己的话说："我们没有想到中国武术是如此的'现代'。它反映了'二战'前日本各流派的体育组织的发展模式，该模式随后传入西方，衍生了一套我们至今仍然遵守的规范。美国人不假思索地接受和内化了这些规范。然而，现代空手道或跆拳道学校中经常见到的精心定制的彩色腰带和考试晋级体系并不完全符合中国武术的历史和特征。"① 言外之意，从社会史角度来看，贾金斯一直使用 hand combat 而故意不使用 martial arts 和 wushu 含有一定的意图，即他认为这个时候的广东人练的咏春拳种还称不上 art，因为 art 是要有历史的，也称不上 wushu，因为武术是竞技体育用的。贾金斯对武术概念的理解决定了其武术研究的结果，他还提醒从事中国武术研究的研究者要注意这个问题。

显然，贾金斯也犯了"盲人摸象"的错误，在中国武术研究中不应被成见所蒙蔽，而应该广泛地吸取更多可靠资料后再下定论。否则，一叶障目不见泰山或者只见树木不见森林，也着实浪费了辛苦挖掘的史料。

二、中国武术话语的模糊性

首先，贾金斯认为，传统上，无论是在东方还是在西方，很少有学者专注研究中国武术的社会史意义。许多现有的资料是不完整的不可靠的。即使是受人尊敬、有着丰富的第一手经验的研究人员，也倾向于不去分辨事件是否真实存在，而不加区分地将故事传播下去。中国之外对于中国武术的研究基本上是跨界研究，包括史学、人类学、文学、传播学、社会学等多种学科，而且他们的研究主要致力社会制度的建构，而不是纯技术体系。贾金斯明确指出，研究中国武术的西方学者面临的紧迫问题之一是缺乏对经典武术作品的准确翻译和评论。毕竟，这些文本和手稿是该领域的主要资料来源。

其次，在贾金斯看来，19世纪晚期政治的混乱和经济的发展直接导致第一个真正的现代武术体系和派别的诞生。第一，当社会无序、三教九流横行时，生存靠武力，行走江湖没有武功是很危险的事情，武术便有了生存和发展繁荣

---

① Judkins and Nielson, *The Creation of Wing Chun: A Social History of the Southern Chinese Martial Arts*, p.13.

的土壤①。第二，中国武术并不是因为火器的出现而变得无用武之地。恰恰相反，中国武术的现代流派全是在火器时代发展出来的②。

关于宗教在武术产生、发展过程中的作用，贾金斯认为，宗教在早期的武术派别中确实起着非常重要的作用。它的作用和格斗本身没有多大关系，主要聚焦在形成新的有凝聚力的团队上面③。至于广东很多拳种的传说为什么大多和女性有关，贾金斯认为：一是传说具有娱乐性；二是借此表达对西方列强的反抗。因为西方列强刚猛，所以就要用柔来化解，柔能克刚，弱能胜强④。贾金斯的这种阐释，在我们看来，显得极为牵强。

再次，在贾金斯看来，武术不仅是个人生存的需要，也是国家身份建构的需要。第一，在经过当权者腐朽、无能的晚清和动荡的军阀统治时期的半殖民地半封建的乱世之后，整个中华民族，无论是由哪个政党统治，都需要重建一个新的民族身份，或者需要唤起旧的民族精神，依靠什么呢？武术成了历史的选择。武术重启了社会身份认同，这是一种十分重要的社会安全网络体系，还是一种社会控制机制（a mechanism of social control）。武术的大力发展是为了促进对中国人身份的解读⑤。第二，"江湖"并不是一个真正独立的王国，它最终充当着一个安全阀，复制和推进了社会的核心价值。更确切地说，包括武术学校在内的民间和联合机构，似乎已经沿着传统文化纽带所定义的既存网络传播开来。正是这种在新兴的公民社会中建立权力关系的能力，使得武术在两次世界大战期间成为中国人生活中备受争议的领域⑥。第三，咏春拳的概念几乎完全是由社会建构的⑦。一开始，咏春拳只是作为一种独立的个人练习拳而存在。20世纪20年代，精英阶层意识到中国传统武术在创造现代国家身份认同方面可以发挥重要作用，开始重新审视这些建构。第四，再回到当下，中国香港航

---

① Judkins and Nielson, *The Creation of Wing Chun: A Social History of the Southern Chinese Martial Arts*, p.27.
② 同上书，第39页。
③ 同上书，第103页。
④ 同上书，第104页。
⑤ 同上书，第195～196页。
⑥ 同上。
⑦ 同上书，第208页。

第四章 本杰明·贾金斯的中国武术研究

空用空乘人员的咏春拳培训照片作为广告宣传照,真的是为了在反恐形势下的自卫吗?贾金斯认为,这是一种身份的建构和传统自信。但是,在贾金斯的眼里,咏春拳绝称不上传统,它的系统化是1949年以后很长时间内才形成的。20世纪五六十年代,叶问的一些年轻学生来自相对富裕的中产阶级家庭。财富和受教育程度的结合使他的追随者中有相当多的人去北美、欧洲或澳大利亚寻求进修机会。学生和年轻人的跨国流动对咏春拳的最终成功起到至关重要的作用①。

再次,贾金斯认为,每个拳种的存在和传扬都有其各自的政治意图。例如,在对太极拳和咏春拳进行比较时,贾金斯体会出了太极拳习练者的孤寂。贾金斯在拜读另外两位中国武术研究专家德尔扎和弗兰克关于太极拳的著作时发现了这一点,的确是个有意思的发现。咏春拳具有深刻的社会性,它实际上只是存在于两个个体之间的一种概念上的对话,其中一个试图打倒另一个。即使是在练习木人桩的时候,人们仍然会想象那就是对手。咏春拳有它的基本形式,但真正构成现代拳法的核心是粘手(黐手)。相比之下,单练似乎是太极拳教学文化的核心。在这个练习系统中,很可能一次花几个小时完全孤立地度过,完全沉浸在自己身体感觉的体验中。作为政治学家出身的贾金斯与舞蹈家德尔扎和人类学家弗兰克不同,对于太极拳,他既没有像德尔扎那样看到太极拳对身心健康的促进功能,也没有像远离国土生活在上海的弗兰克那样感到身份认同的孤寂,而是看到了如何"振兴中华和驱逐鞑虏"(to strengthen the Chinese nation and fend off foreign colonialism)的巨大的政治问题。在面临帝国主义的威胁时,即使是个人力量和健康福祉,只有当符合民族现代化和集体安全的伟大目标时,才是有价值的。贾金斯认为,这才是中国武术近代以来的政治意图②。在贾金斯看来,激发英语世界公众对中国武术想象的不是德尔扎对中国武术的柔性解读,而是更具活力的李小龙捍卫自己免受欺凌的硬汉形象。李小龙真正开始重新定义西方关于中国武术的话语。

---

① Judkins and Nielson, *The Creation of Wing Chun: A Social History of the Southern Chinese Martial Arts*, p.273.
② "Sophia D. vs. The Black Belt Ethos: Post-Materialism in the Chinese Martial Arts," accessed October 20, 2018, https://chinesemartialstudies.com/2018/04/06/sophia-delza-vs-the-black-belt-ethos-post-materialism-in-the-chinese-martial-arts/.

第四节 小 结

政治学博士贾金斯选择从中国武术研究入手，透过中国武术看中国的国家治理。首先，从研究选题理据上来看，武术能体现中国人的哲学思想，正所谓"不懂武术，无以知中国"。其次，贾金斯20世纪在中国学拳，迈开了了解中国的第一步，博士期间及毕业后，选择武术作为研究兴趣之一，近年主持中国"功夫外交"（Kung Fu Diplomacy，亦可译为"功夫政治"）项目，兴趣点完全转向武术，穷究武术以察中国。贾金斯因为有政治学的知识背景和优势，分析武术事件自然也别开生面。2015年，他与尼尔森合著《咏春拳的创造：中国南派武术的社会史研究》，将咏春拳①从大众化进一步上升为理论化，同时对中国传统武术提出了质疑和挑战。通过做项目、开博客、做讲座、著书立说等方式，贾金斯捕捉和分析中国武术讯息，上至国家大事，下到普通习武者的日常生活。因此，在英语世界的武术学界，他的学术影响也与日俱增。

武术的发展与研究从来没有脱离政治，尽管在艺术家那里被"去政治化"，但是从长远的发展历程来看，武术与政治的关系极为密切。例如，民国时期张之江率领的国术表演团到世界各地的表演、中美建交时期中国武术作为政治文化使者赴美表演，以及当下孔子学院的武术教学等，都展现了武术在外交方面的软实力。中国武术在民族认同建设中的作用更是不容低估的。

从体育政治学视角出发，武术研究者仍然需要思考的问题是：如何挖掘"国之大事、民之情结"的中国武术之政治意义？尤其是当下传统武术的发展，迫切需要此类问题的答案。

---

① 咏春拳是中国武术在国外推广较为成功的拳种之一。《中国国防报》报道：据统计，仅德国一地，民间专门研究传授咏春拳的武馆就数以千计。

第五章　亚当·弗兰克的中国武术研究

第五章
亚当·弗兰克的中国武术研究

从人类进化的角度去探讨进化过程中身体结构和运动方式的变化，以及与身体运动相关的文化变化，是体育人类学研究的内容①。体育人类学视角进一步聚焦于武术，便带来了武术人类学（anthropology of martial arts）的兴起。也就是说，武术人类学是体育人类学的一个分支。在我国，"武术的文化人类学研究几乎近于一个盲区，少而无力"②。在英语世界中，武术人类学逐渐发展成熟的标志之一是 2000 年《武术人类学刊》（*Journal of Martial Arts Anthropology*）创刊。该刊是一本国际同行评议期刊，由波兰伊杜坎协会科学研究委员会出版发行。波兰热舒夫大学的沃伊切赫·西纳尔斯基教授为武术人类学的理论发展作出了重要贡献③。西纳尔斯基对武术人类学的探讨主要是基于日本武技展开的。运用人类学理论和方法探讨中国武术并产生一定影响的非美国学者亚当·弗兰克莫属。

---

① 饶远、陈斌编著：《体育人类学》，昆明：云南大学出版社，2005 年。
② 王明建：《拳种与村落：武术人类学研究的实践空间》，载《成都体育学院学报》，2016 年第 1 期，第 51~54 页。
③ Wojciech Jan Cynarski and Kazimierz Obodyñski, "Corporeality in Martial Arts Anthropology," *Human Movement* 12, no. 3 (2011): 291~297; Wojciech Jan Cynarski, "A Christian and the martial arts path," *Journal of Martial Arts Anthropology* 16, no. 2 (2016):1~7; Wojciech Jan Cynarski, "Moral values, and the people of the noble way of martial arts," *Journal of Martial Arts Anthropology* 14, no. 1 (2014): 1~10; Wojciech Jan Cynarski, "Values of martial arts in the light of the anthropology of martial arts," *Journal of Combat Sports and Martial Arts* 2, no. 1 (2012):1~4.

第一节　亚当·弗兰克的学术背景和治学取向

亚当·弗兰克2003年毕业于得克萨斯大学奥斯汀分校，获人类学博士学位，答辩的博士论文题目是《太极拳和寻找中国小老头：透过武术看种族的仪式化》("Taijiquan and the Search for the Little Old Chinese Man: Ritualizing Race through Martial Arts")①。该论文于2006年作为专著出版，书名改为《太极拳和寻找中国小老头：透过武术理解身份》(*Taijiquan and the Search for the Little Old Chinese Man: Understanding Identity through Martial Arts*)②。弗兰克目前是美国中央阿肯色大学人类学教授，罗曼和利特菲尔德出版社的专著评阅人，《国际体育史》(*International Journal of the History of Sport*)等期刊论文评审专家，《武术研究》(*Martial Arts Studies*)编委会成员，其研究领域是人类学、亚洲研究，主要的兴趣点是通过中国武术研究看中华民族和中国社会。

弗兰克在20世纪90年代以人类学家的身份来到上海，深入人民公园、海洋公园等城市空间，一方面学习太极拳，另一方面体察工业化时代背景下人们的生活状态和社会关系网的架构。武艺上他投师于当时赫赫有名的太极拳名师吴岳梁的门下，学术上他师从于黛博拉·卡普钦（Deborah Kapchan）和阿夫龙·博瑞兹（Avron Boretz）两位人类学家。其中，博瑞兹是《神、鬼、匪徒：中国社会边缘的仪式暴力、武术和男子气概》(*Gods, Ghosts, and Gangsters: Ritual Violence, Martial Arts, and Masculinity on the Margins of Chinese Society*)③一书的作者。凭着坚实的文化人类学研究基础和广泛涉猎的太极拳背景，加上自己有多次在上海进行长期实地考察的外派研究机会，他决心对快速变化的城市景观中的中国人及其文化生活进行民族志研究。然而，身

---

① Adam D. Frank, "Taijiquan and the Search for the Little Old Chinese Man: Ritualizing Race through Martial Arts" (Phd diss., The University of Texas, 2003).

② Adam D. Frank, *Taijiquan and the Search for the Little Old Chinese Man: Understanding Identity through Martial Arts* (New York: Palgrave Macmillan, 2006).

③ Avron Boretz, *Gods, Ghosts, and Gangsters: Ritual Violence, Martial Arts, and Masculinity on the Margins of Chinese Society* (Honolulu: University of Hawaii Press, 2010).

份的相关问题一直是他最关心的问题。最终,他的研究主题从相对传统的中国城市文化研究转向了更为具体的民族志研究,研究中国武术人在日益全球化的城市空间中的身份形成的过程。他的研究成果《太极拳和寻找中国小老头:透过武术理解身份》一书已经在一定程度上呈现了上海这样一个大都市中各色人等的生活百态和人情冷暖。弗兰克在武术家所使用的体育训练空间(城市公园与私人公寓或小巷)、武术的大众媒体表现形式(已出版的作品和电视节目),以及师徒日常非语言的练习中,找到了身份形成的重要场地。这也成就了他在中国武术文化人类学领域的学术地位。2018年11月,弗兰克受邀至日内瓦大学孔子学院作题为《寻根:挖掘吴式太极拳之魂》("Root Seeking: Documenting a Ghost of Wu Style Taijiquan")的讲座[1],深受广大师生的欢迎。

第二节 《太极拳和寻找中国小老头:透过武术理解身份》:武术中的身份蕴含

作为一名人类学家,弗兰克关注的是群体内身份形成的过程。他把武术作为分析民族志的工具,把重点放在城市空间的群体身份上并不奇怪。在英语世界的中国武术研究圈子中,弗兰克的成名作就是《太极拳和寻找中国小老头:透过武术理解身份》。弗兰克通过亲身体验,对被研究者(上海鉴泉太极拳拳友)的生活故事进行描述,对故事的意义进行建构。弗兰克借助于格尔茨(Clifford Geertz)的文化人类学研究深描(thick description)方法[2],透过缜密的行为细节,展现被研究者的文化传统、行为规范、价值观、世界观和人生观。此外,弗兰克还借助于施特劳斯(Anselm Strauss)和卡宾(Juliet Corbin)的扎根理论(Grounded Theory, GT)[3],从自己收集的第一手资料中建立武术研究的人类学理论并时刻不忘使用该理论去阐释他所见到的武术现象,这是该书

---

[1] Adam D. Frank, "Root Seeking: Documenting a Ghost of Wu Style Taijiquan," Symposium on Yongnian Taijiquan, University of Geneva Confucius Institute, Geneva, Switzerland, November 29, 2018.

[2] Clifford Geertz, *The Interpretation of Cultures* (New York: Basic Books, 1973).

[3] Anselm Strauss and Juliet Corbin, *Basics of Qualitative Research Grounded Theory Procedures and Techniques* (Thousand Oaks: Sage Publications, 1990).

对中国武术研究的最大贡献。从宏观上来看，该书有两大特色给英语世界的中国武术研究者留下了深刻印象：其一，作者深入当地，以学徒和研究者双重身份参与观察、体验和反思；其二，作者以自己为主角，以叙事为基调，层层深入田野进行书写。从研究内容和研究发现进行逆向文本分析，作者发现身处本土文化的中国国内研究者所看不到的地方。当然，这需要理性地去看待。

一、误读与刻板印象

美国人对中国武术人的身份存在误读，刻板印象依然存在。

该书采用叙事的方法，以庞师傅（master Pang）在上海的美国领事馆申请签证一事为开篇，进行深度描写。庞师傅在面签的过程中告诉美国签证官希望自己有朝一日去美国教太极拳。面签的结果是庞师傅被拒，理由是签证官认为庞师傅的年龄和太极拳教师的身份令人怀疑，原因是"太极拳教师是老年人，而你显然太年轻"①。庞师傅在被拒之后，挠挠头，礼貌地谢谢签证官，消失在春日午后的沥沥细雨中。以签证被拒引出本书的主题"太极拳与身份"。在这签证官掌控的狭小的使馆签证处，身份意识有时匪夷所思，"中国人想象白人的逍遥世界，白人却难以想象瘦小老头会有满身中国功夫"。其过程描写耐人寻味，是否另有寓意，值得琢磨。紧接着，作者直接抛出本书的写作目的，是借由自己在中美两国学习武术的双重体验尝试理解中国武术习练者的身份（包括中国和外国习练者）。弗兰克选择以太极拳来研究身份，还有另外的原因，就是他根据马克思·韦伯（Max Weber）的"理想类型"（ideal type）和马歇尔·萨林斯（Marshall Sahlins）的"局势结构"（structure of the conjuncture）分析而断定太极拳是理解身份的最佳载体，因为身份的理解既是空间、历史、经济的互动关系，又是集体形式和个人感官体验的对话。

该书是弗兰克对华研究项目的成果，项目的研究目的是厘清"武术，作为身份的多元建构和体验，如何在日常生活中通过人、媒体、影视、小说和武术展演实现国际互动，以及在中国城镇的不同环境中和全球华人文化流动中如何

---

① Frank, *Taijiquan and the Search for the Little Old Chinese Man*, p.3.

第五章 亚当·弗兰克的中国武术研究

实现个人和社会的互动"①。用当下的大众话语来说,弗兰克的太极拳人类学研究的意图是基于太极拳,研究中国武术的圈子在体现"中国性"上的接受程度和彼此之间的微妙关系。

二、太极拳与中国性

"是否只有中国人才能真正懂太极拳、打好太极拳?"这需要理性解答。

弗兰克认为,1949年很多太极拳师傅随国民党军队去了中国台湾,之后的20年,许多美国人在中国台湾学习太极拳并邀请台湾老师到美国教学。到了20世纪70年代早期,太极拳开始在美国真正流行,基本上是以运动和冥想的形式,对于格斗爱好者来说,也会作为格斗的形式。据弗兰克估计,到2000年,已有数千名太极拳师傅移民到美国,同时有数千名美国人到中国学习正统的太极拳。到21世纪早期,在美国,几乎每一个中等规模城镇即使没有设备齐全的太极拳学校,也会有太极拳培训班。随着太极拳在美国的发展,弗兰克开始对太极拳习练者的身份进行深入思考。一天,在上海人民公园里,弗兰克和一个鉴泉太极拳馆的朋友练推手,在总结心得时,这个朋友说:"只有中国人才能真正打好太极拳。"这句话令弗兰克深思:自己想象中的太极拳是否和他者想象中的太极拳一样?在众多的太极拳习练者中,自我和他者的界限如何划分?弗兰克想起华莱士·史蒂文斯(Wallace Stevens)的一首诗《看乌鸦的十三种方法》,认为在身份识别时,自我才是唯一变动的因素。其实汉语中也有"横看成岭侧成峰,远近高低各不同"的诗句。事实上,弗兰克有他自己的研究假设,认为不只是中国人才能真正理解太极,太极智慧是可以被所有人理解的②。因此,他动用了来自上海书城、上海公共图书馆、上海体育学院图书馆、北京国家图书馆、北京武术院、得克萨斯大学奥斯汀分校、康格莱斯图书馆、斯密斯索尼大学图书馆、加利福尼亚大学伯克利分校的文献资源,以及两年多来分别在中国和美国所作的田野调查、所记日记和录像,研究了包括胡塞尔、海德格尔、梅洛庞蒂等人的现象学理论,直接的目的就是找到太极拳与习

---

① Frank, *Taijiquan and the Search for the Little Old Chinese Man*, p.4.
② 同上书,第18页。

练者身份的关系。

从书的各个章节题目可以看出,人类学出身的弗兰克对中国武术研究不一样的思考方式,如第一章《身体:道、气和社会感性身份的缔造》、第二章《身体 谱系 大街小巷》、第三章《公园生活和秘密空间》、第四章《作为公共艺术的太极拳》、第五章《以武会友》、第六章《功夫梦和身份想象》、第七章《环球唐人街》和第八章《身体的回归》等。综观全书,从头至尾所隐含的追问,也是弗兰克反复提到的问题,就是"是否只有中国人才能真正懂太极拳、练好太极拳?"其实,在全球化的今天,这个问题对于中国武术的国际化发展来说十分重要。如果答案是肯定的,那么外国人是否有必要试图苦苦研究太极拳和习练太极拳?如果答案是否定的,那么在关于太极拳的话语上外国人也应当理直气壮地拥有自己的话语权。

三、"拳"的概念与本质

在中国,作为历史和文化象征的太极拳的流行和中国人的自省或自豪是分不开的,这种自省其实就是一个自我东方化的过程(self-orientalizing process),对太极拳迷恋的根源是道教主义;道教研究的历史,从某种意义上说就是一部太极拳史[①]。例如,中国武术的核心构件之一是气。在弗兰克看来,气是链接太极拳、道家思想、中医和其他日常生活众多方面的桥梁。在欧美人的眼中,气是具有浓厚神秘色彩的概念。在很多美国习练者看来,气就是一种咒语(a kind of mantra),通过交流和训练,它能使人触摸到古代的智慧。因此,弗兰克认为,气是群体交流和身体感知"中国性"的关键元素[②]。基于自己的学术领域,弗兰克从自我和他者以及身份认同去作田野调查和话语分析,并将其上升为整个研究项目的主旨。看弗兰克对气的理解和表述,就会明白他的作品为什么会被英语世界的中国武术研究者所关注。

托马斯·奥茨研究过气功热。据他所估计,20 世纪 80 年代,中国的气功习练者达 6 000 万之多,在气功杂志上刊登的文章中,发现了"前所未闻的情

[①] Frank, *Taijiquan and the Search for the Little Old Chinese Man*, pp.35~36.

[②] 同上书,第 40 页。

第五章 亚当·弗兰克的中国武术研究

感世界"(an emotional world unheard of),给人一种走火入魔、恍恍惚惚的感觉。奥茨援引著名医学人类学家汤姆斯·乔尔达斯(Thomas Csordas)和哲学家梅洛·庞蒂(Merleau-Ponty)的观点去阐述人类学的价值。奥茨认为:到了我们重新考虑认识论工具的时候了,活体(living body)不是被想象,首先必须是体验,活体研究的方法要突破参与观察,更重要的是参与体验①。弗兰克也引用美国本土中国武术习练者的经验谈(如 Ots, Bruce Kumar Frantzis, Saul Krotki, Michael Phillips)和经典身体理论,既从实践上又从理论上验证气的存在和功用。他也指出,并非所有人都能感受到气,有的朋友就直言不讳,根本没有感觉到什么气流②。

武术之气既具有个体性质,也具有社会群体性质。弗兰克就此分析,得出"气"在公共话语中的两点隐喻,一是性别主义,二是身份维护。弗兰克认为,1954年在中国澳门花园游泳池举行的吴式太极拳大师吴公仪和陈克夫的比武大会,属于"阳刚故事"(yang tales);吴鉴泉的女儿吴英华强调的是套路、精神力量和武德,这是"阴柔故事"(yin tales)。这些关于威力的故事还起到震撼听众和强化鉴泉太极拳协会作为社会纽带的作用③。仿照萨丕尔(Edward Sapir)的"大师思想"(master ideas),弗兰克创造性地使用"大师话语"(master discourse),认为"大师话语"综合提炼了气的话语,使得推手习练者和观察者将气的感性体验和肉身体验与更广范围内的意义分享和社会实践交流建立关联。换句话说,每个人在推手时个人所观察到的或体验到的,通过交谈和信息交流便成了"大师话语"的一部分④。用意不用力的原则也是理解太极拳和实践的关键。

弗兰克对太极拳学习也有自己的领悟。例如,他认为在太极拳教学中,老师的目的是通过教授标准的拳架而教授历史。也就是说,备受敬仰的拳师创编

---

① Thomas Ots, "The Silenced Body—the Expressive Leib: On the Dialectic of Mind and Life in Chinese cathartic Healing," in *Embodiment and Experience: The Existential Ground of Culture and Self*, ed. Thomas Csordas (Cambridge: Cambridge University Press, 1994), p.134.

② Frank, *Taijiquan and the Search for the Little Old Chinese Man*, p.47.

③ 同上书,第48页。

④ 同上书,第49页。

一套动作并定为标准之后,学员可以从拳架中解脱出来。从这方面来看,太极拳和绘画、诗歌、书法等艺术并无两样。所有的艺术在找到自己的个性特征之前都强调规则,而且在所有的艺术中,那些打破形式的桎梏创造出新东西的人都备受尊崇①。他总结出一句富含哲理的话:每一次练习慢动作,都是我们重构世界观的方式②。

四、武术人与武术圈

弗兰克还发现,拳友每月聚会,并非仅仅为了练拳这个目的。多数人都不是为了技术而来,他们就是参与而已,当然有的人是为图谋身份地位而来。加入习练太极拳的队伍就仿佛融入一个有组织的大家庭。太极拳的"习得"事实上成了身体空间的"获得"。太极拳就是为身份的社会感知而建构的媒介③。弗兰克认为,这个观点和布迪厄的"惯习"(habitus)概念有很多共通之处。太极拳和推手完全可以被看作"惯习性交际"。

弗兰克通过观察,还发现中国拳师之间的微妙关系,还亲身体会到习武人之间关系的复杂性。比如,作为人类学家研究者的弗兰克需要接触不同的师父,但是中国武林忌讳易师,这便形成了矛盾。有的外国人会今天跟这个师父学,明天跟那个师父学,结果被人称为"拳妓"(martial arts whore),弗兰克就曾挣扎着要不要做"拳妓"。他还发现,中国拳师对不同学员的收费标准也不统一。据弗兰克所述,在20世纪80年代,当大批外国人涌进中国学习武艺时,老师直接收取费用,通常费用较低,如果某学员学拳具有吃苦精神和韧劲,老师可能免费教拳。20世纪90年代中期,老师收费比较随便,价格不一,很多老师可能会在心里盘算外国学生能够付得起多少,然后再决定收多少。到2001年,市场更加透明,外国留学生通常比上海当地的大学生付费要高,当然比富裕的上海商人找私教要低。学徒的国籍不同,收费标准也不一样。据传言,拳师们收日本学生的费用最高,欧美次之,非洲最低。影响价格的另一个

---

① Frank, *Taijiquan and the Search for the Little Old Chinese Man*, p.69.
② 同上书,第93页。
③ 同上书,第62页。

第五章 亚当·弗兰克的中国武术研究

因素是关系的亲疏[①]。弗兰克还发现武术圈人际关系之微妙,造谣、猜疑、嫉妒、争论、伤害时有发生。在上海,武师之间和派别之间存在敌对和嫉妒,民间派别和公办武术院校之间,即使同门师傅之间关系也会很微妙。例如,某师傅和外国学生的关系很好,很多外国学生会奔着他而来,这可能会招来其他师傅的嫉妒。

弗兰克认为,太极拳不仅是一种社交方式,更是现代性的万能象征(master symbol)。他说,习练中国武术,分享同志般的友谊,似乎无时无刻不跨越国家、文化甚至是派别的界限,至少表面上是这样的[②]。他认为,大多数太极拳习练者通过习练慢动作,去激活对过去某个瞬间的回忆,来感受他们是谁,或者他们应该是谁。套用格尔兹的话来说,太极拳既制造了"中国性"的感觉,也为"中国性"带来了感觉。在弗兰克看来,太极拳在上海这样的城市盛行,是社会阶层因素在背后"作祟":在资本日益集中的上海,新型阶层划分明显,既有养家糊口的工人,又有富裕的精英;既有消费型的中产阶层,也有资本家、实业家、上流社会,还有外国人士。这些基于资本的阶层划分滋养了一个特殊的环境。在这个环境中,武术,尤其是太极拳,可以从"低级"艺术转变为一种可被各阶层所接受的娱乐形式,最终成为中国现代性的象征[③]。

太极拳还打开了一片"想象的共同体"。在弗兰克看来,这种想象共同体有时充满正能量,有时却很狭隘。例如,2001年他亲临郑州武术锦标赛,看到一个意大利选手因高度紧张而忘记动作,这时所有观众甚至包括竞争对手也给予鼓励,体现了社交层面的武德。而弗兰克也亲身体验过两次狭隘的"共同体"所造成的影响。一次是弗兰克和钱师傅在上海人民公园比赛推手,被钱师傅摔了出去,周围人显得异常兴奋。另外一次,是弗兰克被一位老师傅安排和一个残疾人比赛推手。推手开始,众人看到一个外国人和一个残疾人比赛推手,笑声此起彼伏,而对于弗兰克来说,那笑声特别刺耳。弗兰克说那不是他一个人的窘境。一般情况下,外国人不愿参加推手表演。弗兰克说出的原因也

---

① Frank, *Taijiquan and the Search for the Little Old Chinese Man*, pp.68~69.
② 同上书,第157页。
③ 同上书,第160页。

值得深思，他说"因为我们在公开演出时，大多数人感觉到自己有点像训练过的猴子，所以我们不介意待在阴暗的角落里"[1]。

五、太极拳发展的问题与反思

关于太极拳发展的问题，弗兰克认为，官方想通过标准化和国际化发展，来增强民族记忆，打造民族身份，但是标准化和传统是割裂的。对于中国成千上万的太极拳习练者来说，找到一位体面的老师和一个可靠的机构，每天清晨可以练练就满足了。如果非要习练拳术或者推手，大部分的公园习练者将不复存在。弗兰克听到，很多在国外教授太极拳的传人都说外国的学生比国内的大多数学生习武热情更高。弗兰克写道："自己总有一种感觉，昔日的太极拳老人、小说或者是电影中的形象，中国武术圈中最为睿智和优秀的形象，已经移民到了美国，太极拳已经不再是中国的太极拳了。"[2]作为一项跨国运动，武术不仅是人运动的载体，也是身份构建的载体。本土人士从一个空间到另一个空间，经由武术影视、武术产品、武术运动和一个个个体，构建和再构建"中国性"的种种形式。外国武术家不远万里来到中国寻求的不仅是技术，而且是智慧，而对这些人来说，参与跨境的来来往往就是一个揭秘的过程，一个破除先入之见的过程。

弗兰克预感：到一定程度，当观众看的是技术而不是肤色时，这个时候身份的象征就会被抹去。弗兰克指出：中华人民共和国成立后，中国政府鼓励发展民族传统体育，是为了筑牢民族意识，但是新的标准化的竞赛套路，如24式和48式简化太极拳，开始超过民族传统套路成为主导形式，尽管竞赛中也包括民族传统套路，但是被"一刀切"进行了标准化的改造；在美国，太极拳甚至比中国国内的太极拳更具"中国性"，这种变化体现在中国移民或是美籍华人身上，甚至那些不认为自己是华裔后代的习练者都享受那种练拳时特有的"中国性"的感觉[3]。

---

[1] Frank, *Taijiquan and the Search for the Little Old Chinese Man*, p.56.
[2] 同上书，第203页。
[3] 同上书，第54~60页。

第五章　亚当·弗兰克的中国武术研究

无法否认，从某种意义上说，弗兰克的观点是对的。在城市公园空间里，太极拳习练者并非都是为了习练太极拳或是真心爱好太极拳而来的，而是好玩的慢太极给他们提供了暂时逃避生活快节奏、享受人生的空间。

总之，作为既是研究者又是学徒的外国人弗兰克，通过对鉴泉太极拳协会的观察、体验，深刻领悟了太极拳的智慧。更为重要的是通过学拳的过程，他洞察中国社会、中国人的性格和人际交往的微妙关系，以及中外身份的建构与维护。在这本书中，弗兰克叙事时栩栩如生，说理时分析得细致入微，哲学、社会学、人类学的理论也是信手拈来。可以说，《太极拳和寻找中国小老头：透过武术理解身份》是一本值得借鉴的中国武术社会人类学研究读本：由拳到人、由集体到个体、由师父到学生、由外国人到中国人，等等，构成复杂而微妙的城市社会空间。该书与其说研究的是拳，不如说研究的是练拳的人。

第三节　中国武术身份研究的蔓延

身份研究是社会学、传播学、社会心理学、政治学和文化学等领域的重大课题。身份研究的意义在于身份的建构、确立、调整、维护，是一个十分复杂的系统。从历时性来看，身份问题贯穿于个人的一生；从共时性来看，它与各种角色身份和社会身份不断地发生交互作用。身份的确立成功与否不仅与外在的相关社会制度有关，还和自我与他人的观念密不可分。因此，身份确立成功与否，注定会引起一些情绪和行为反应。例如，身份确立成功可以提高个人的自尊和自我存在感，而身份确立失败则可能会带来一系列消极情绪甚至是攻击行为。

将身份概念引入中国武术研究，丹尼尔·迈尔斯·阿莫斯算是这一领域的开拓者。1983年他历经一番周折，深入英国统治下的中国香港及其邻近的广州等地进行调研，最终完成了他的博士论文《社会边缘化和英雄武艺：港穗两地的武术家研究》。同时，阿莫斯成了最早在中国进行实地研究的美国民族志学者之一。他的研究因对青年文化、中国武术家和中国流行文化的分析而被全世界广泛引用。在阿莫斯看来，武术为人类学研究和民族志分析提供了理想单位。弗兰克和博瑞兹受阿莫斯的影响,他们曾分别对上海太极拳协会及其在南方社区中武术习练者的身份进行详细的民族志学分析①。

随着身份研究的逐渐深入,有的学者开始从历史出发研究中国武术影响国家和民族身份建构的过程②。吕洲翔认为,中国武术长期以来被视为中国文化和民族身份的重要组成部分。他通过中国武术研究的政治议题和身份议题全面审视中国武术在历史和政治背景下的发展,突出中国武术在过去两个世纪的国家建设和身份建设中的作用,他认为中国武术已经成为中国人的符号、身份和力量的象征。中国武术的发展一定是受到统治政权政治和军事政策的影响,以及社会和经济环境的影响的。中国武术经历现代化转型,受到西方竞技体育的强势影响而出现异化,基本沦为一项竞技运动和表演艺术。在全球化时代,异化武术如何表达中国人的身份仍须不断地研究。

有的研究者深入某个拳种的习练人群,开展群体身份认同研究。如美国得克萨斯农业机械大学的中国武术研究者托马斯·格林(Thomas Green)从2012年开始到华北开展民间武术的田野调查,该项目涉及河北、河南、山东三省,调查分析华北民间武术在面对由于现代化带来的社会巨变所引起的潜在的社会分化时所能够发挥的作用。该项目调查了后马庄梅花拳在维护那些由于社会和经济压力而进城的民工团体方面所起的作用。由于梅花拳作为非物质文化遗产的示范形象得到承认,当地政府部门打算将梅花拳创始人邹宏义的祠堂开发成旅游胜地,该研究还会继续跟踪调查项目措施的效果。近年,又从民间武戏剧目出发,研究梅花拳习练者在今天社会群体身份认同中的表达③。

还有的学者从跨文化的功夫社团入手,开展中国武术家的师徒身份和门派身份研究④。更多的学者是从功夫影片入手,研究"中国性"身份的传递。如斯

---

① 转引自 Judkins and Nielson, *The Creation of Wing Chun: Social history of southern Chinese martial arts*, p.17.
② Lu Zhouxiang. *Politics and Identity in Chinese Martial Arts*.
③ Zhang Guodong and Thomas A. Green, "'I Am the Greatest Boxer': Articulating Group Identity through Chinese Folk Drama," *Journal of American Folklore* 131, no. 521 (2018):250~271.
④ Veronika Partiková and George Jennings, "The Kung Fu Family: A metaphor of belonging across time and place," *Revista de Artes Marciales Asiaticas* 13, no. 1 (2018):35~53.

瑞尼瓦斯探讨了影片《功夫》中香港人的身份思考①。德赛研究了巨星李小龙、成龙和李连杰身上所体现的中国身份②。通过对几十年来中国香港武侠电影的回顾，探讨民族主义体现的各个方面，从认识论到散居文化，再到艺术语料库等，展示了英雄的、中国的、男性化的身体，以及这种男性化的身体与中国武术、流放者或散居文化，以及作品主题等不同元素在华语电影中的相互联系和表达方式。蒂尔尼反其道而行之，对比研究了功夫片中白人身份（whiteness）的表达③。

第四节 小　结

美国人类学家弗兰克深入中国的"田野"，对一个城市（上海）、一个武术组织（鉴泉太极拳协会）展开了非常详细的民族志研究。他的民族志研究风格和人种志分析方式，体现了一个文化人类学者对世系结构和地理空间的敏感性和独特性。他在文章中所讲述的"故事"、所陈述的观点、所表达的"情绪"，都值得国内的武术工作者和研究者耐心倾听、深入思考和理性分析。

国内的武术文化身份认同研究自 2008 年起步，研究成果近两年才在较高级别的期刊上发表。研究的对象大多是对某一个拳种，如梅花拳在传承过程中的身份认同研究④、潭腿习练人群的身份认同研究⑤和青城派武术习练者的身份认同研究⑥。也有的文章研究城市化进程中武校留守儿童的身份认同与武术文化

---

① S.V. Srinivas, "Kung Fu Hustle : A note on the local," *Inter-Asia Cultural Studies* 6, no. 2 (2005): 289~295.

② David Desser, "Diaspora and national identity: exporting 'China' through the Hong Kong cinema," *Post Script* 20, no. 2-3 (2001):124~136.

③ Sean M. Tierney, "Themes of whiteness in Bulletproof Monk, Kill Bill, and the Last Samurai," *Journal of Communication* 56, no. 3 (2006): 607~624.

④ 赵景磊、郭玉成：《梅花拳传承中的身份认同建构研究》，载《沈阳体育学院学报》，2018 年第 1 期，第 132~137 页；赵景磊、郭玉成：《身份认同视域下梅花拳传承特征与机制研究》，载《成都体育学院学报》，2018 年第 6 期，第 56~60 页、第 67 页。

⑤ 贾广强：《民间习武者的习武身份认同研究》，硕士学位论文，北京：北京体育大学，2015 年。

⑥ 龚茂富：《青城派武术生存现状及传播方式研究》，博士学位论文，北京：北京体育大学，2011 年。

传承[①]等。从总体上看,一是相关成果数量较少,二是研究内容更多体现的是"宗族性",而非"中国性"。走向伟大复兴的中华民族需要"宗族性"力量,更需要对"中国性"智慧进行挖掘和推广。探讨海外中国武术研究的人类学视角,其研究范式、研究所得和研究趋势,为我们提供了一面察身自省的镜子。

---

① 张健、孙辉、张建华等:《城市化进程中的武校留守儿童身份认同与武术文化传承》,载《成都体育学院学报》,2018年第4期,第54~60页。

第六章　皮特·洛奇的中国武术研究

第六章
皮特·洛奇的中国武术研究

传统的海外汉学家在研究中国社会、中国哲学、中国文化和中国文学的时候，都往往会不约而同地将目光投向该领域的历史。英语世界的中国武术研究者也是如此。虽然有的学者的主要成名作不涉及中国武术史，但是中国武术史研究却在其学术成就中占有一定的分量。例如，美国独立学者、中国武术研究者斯坦利·亨宁一直凭着中国武术研究方面的短论而在英语世界扬名，晚年出版了《中国武术：历史与实践》一书。语言文学专业出身的以色列特拉维夫大学东亚研究学院的夏维明教授的《少林寺：历史、宗教和武术》[①]，是国外武术研究引用率较高的参考文本之一，已经被翻译成汉语、葡萄牙语、波兰语和意大利语。真正以历史学博士身份进入英语世界中国武术研究者队伍并将研究搞得风生水起的是美国学者皮特·洛奇。本章将对历史学出身的洛奇的中国武术史研究进行逆向研究。

第一节　皮特·洛奇的学术背景和学术成就

皮特·洛奇，中文名龙沛，是美国范德堡大学的历史学教授。洛奇与中国武术结缘始于大学期间，他曾经学习过一年中国摔跤，后来在北京学习了一年

---

① Meir Shahar, *The Shaolin Monastery: History, Religion, and the Chinese Martial Arts* (Honolulu: University of Hawaii Press, 2008).

的太极剑。学术上,洛奇主要致力研究中国军事史、中国军事思想和中国武术史。主要著作有:《中国历史上的战论》(*Debating War in Chinese History*)、《早期现代中国的战争、政治和社会(900—1795)》(*War, Politics and Society in Early Modern China, 900-1795*)、《重归一统:宋朝的战与和》(*Reunification of China: Peace through War under the Song Dynasty*)等多部中国史学专著。洛奇以2011年由剑桥大学出版社出版的《中国武术:从古代到21世纪》被英语世界的中国武术研究界所认识。

第二节 《中国武术:从古代到21世纪》: 不一样的中国武术史

洛奇的中国武术史专著《中国武术:从古代到21世纪》探讨了从石器时代到最近数千年内中国武术发生、发展的历程。除了洛奇的这本专著,英语世界的中国武术史著作还有Huang Fuhua和Fan Hong合编的由劳特里奇出版社于2018年出版的《中国武术史》(*A History of Chinese Martial Arts*)、亨宁撰写的由民族出版社于2017年出版的《中国武术:历史与实践》、夏维明撰写由夏威夷大学出版社于2015年出版的《少林寺:历史、宗教和武术》、贾金斯和尼尔森合著的由纽约州立大学出版社于2015年出版的《咏春拳的创造:中国南派武术的社会史研究》,以及其他的拳种史和断代史方面的研究成果。综合而言,洛奇的中国武术史专著作为一本通史,史料丰富、史论透彻。

一、视角的选择

知古以察今,鉴往以知来,选择什么样的视角才能将历史的原貌看得更清楚,是历史书写者首先要考虑的问题。该书按时间顺序共分为10个阶段,每个阶段选点如下。

(一)从石器时代到春秋末年的武术

中国武术起源于军事战争(也有人说是起源于生产劳动,尚无定论),因此战争成了洛奇的中国武术史研究的逻辑起点。对从石器时代到春秋末年的武术,洛奇选取的点是"战争中的女人们""商代战事的转变""五种兵器:箭、戈、斧、矛、战车""武舞"等。

（二）战国时期的武术

这一时期武术发展的重要背景是思想家云集,如孟子、庄子、荀子等。所以武术话语中充满着哲学思想,武术话语也由崇尚暴力转向自我控制,当然影响的不仅仅是武术话语,武术功能也明显地转向内修（self-cultivation）,超越了实战的领域①。统治者不再接受将暴力看作身份的标志,武力只能是服务国家的意志,贵族不能仅仅通过发起挑战来证明自己的贵族合法身份,为国家而战才是他们的应尽义务。战争和武术完全成为国家工具②。对战国时期武术的考证,洛奇选取的点是"剑和剑客""弓箭和弓箭比赛""戟和长枪""徒手决斗""游侠和刺客"。

（三）秦汉时期的武术

秦汉时期,武术发展迹象逐渐明晰,出现了既有实战技术的摔跤,也有供娱乐的百戏。对秦汉时期武术的考证,洛奇选取的点包括"始皇帝和他的谋害者""秦朝的摔跤""项羽和刘邦""汉'百戏'和武术"。

（四）六朝时期的武术

六朝时期,武术的发展受到来自北方草原非汉族文化的影响。这一时期的武术,洛奇选取的点是"南北朝""六朝时期的女性习武者""木兰"和"汉族步兵的回归"。

（五）隋唐时期的武术

590年,隋文帝杨坚命令士兵解甲归田,将武术进一步推向农村。595年,隋朝收缴兵器并禁止制造新式兵器。唐朝武术出现全新的发展局势。关于隋唐时期的武术,洛奇选取的点包括"唐朝的军事""武术训练""武术娱乐圈中的女人们""和尚和土匪""武举考试"。

（六）五代十国和宋朝武术的发展

---

① Peter A. Lorge, *Chinese Martial Arts: From Antiquity to the Twenty-first Century* (Cambridge University Press, 2012), p.33.

② 同上书,第35页。

五代十国整体上说是唐宋之间的朝代更替期,社会背景比较复杂,牵扯到北方其他一些少数民族,如契丹、西夏、女真等。不同势力较量,社会动荡必然会促进武术的发展。这一时期的杰出武术人物如岳飞等,经典武术著作如《武经总要》,该书中第一次出现兵器的介绍并有配图,第一次出现现代意义上的枪和弹药的记载。洛奇在论述这一时期武术发展时选取的点有"射艺""武艺表演""兵器和武举考试"。

(七)元朝武术的发展

蒙古族在成吉思汗的带领下于13世纪崛起,是世界史上的大事件。元朝建立以后,实行汉族和草原民族融合的政权管理体制。就武术的发展来说,在六朝时期和唐朝时期汉族武术形式和草原民族武术形式融合得更加明显,而在元朝时期,汉族武术和蒙古民族的武术形式区别相当明显。在论述时,洛奇选取的着眼点包括"蒙古武术""射艺""兵器""摔跤和拳术"等。

(八)明朝武术的发展

进入明朝,记录武术知识的材料增多,给武术史学研究提供了便利。明朝历代皇帝、皇族后代、商业贸易发展、传教士来华、社会治理中的矛盾(知识分子无法进入管理阶层)、知识分子对书籍的需求,都成为洛奇考察的内容。武术从表演到文本的转变,说明了民众知识水平的提高。武侠出现(文以载道,武以安邦),文人喜武(谈武未必练武),收藏、买卖、赠送刀(剑)成为文化品位的标志,都是这一时期的现象。文人的介入改变了武术的生态,地方行为发展成为国家民族传统。明朝军制使武备荒废,即使是戚家军也难改变,但是戚继光为中国武术史添上了浓重的一笔。同时,城镇和农村习武、自卫、武戏、镖局和其他阶层的人口流动,繁荣了武术。关于明朝的武术,洛奇选取的点包括"明朝军制""少林寺""拳术""剑的使用""刀的使用""枪术""棍术"等。

(九)清朝武术的发展

欧洲的造枪技术在明朝和晚清军事力量较量中起到重要的作用。明末农民起义,吴三桂引清兵入关,加速了明朝的灭亡和清政府的建立。国际环境方面,中西贸易、鸦片战争、西方科学技术对中国的冲击等,纷纷扰扰。到了后期,国内的太平天国起义和义和团运动,加速了清朝的灭亡。事实上,西方民主思想的引进对中国各阶层的唤醒,也是加速清朝灭亡的原因之一。科学与民主,洛奇只提到前者。聚焦于武术方面,清朝整体上继续完善对武术的知识建构,但是在战场上,无论是精神开发还是内在自我修炼,都无法抵挡枪炮的火力打击[①]。关于清朝的武术,洛奇选取的点包括"明朝的忠实者""内家拳和外家拳""修身养性""少林、太极八卦和形意""起义"。

（十）近现代武术的发展

同其他事物一样,武术也面临着现代化问题,现代化问题在一定程度上说也是武术的生死存亡问题。冷兵器和火器在战场上的作用无法相比,因此近现代中西战斗力差距明显。洛奇选取的点包括"中华民国""1949 年""1978 年到现在"等时段内发生的武术大事。

虽然和中国传统的治史方式一样,也是以朝代的更迭为线索,但是不难看出洛奇在努力跳出王本位的限制,有意淡化"约定俗成"的大事件,而是以技、理、人和相关的术语为点,编织中国武术史网格。

二、史料的剪裁

选择不一样的史料,析出不一样的结果。该书史料的选择具有以下几点倾向性。

其一,继承了王本位,承认国家意志对武术发展的影响。在中华文化圈内,等级制度历来十分森严,皇权或国家意志以"普天之下,莫非王土;率土之滨,莫非王臣"的观念影响着文化行为的发展。在商代,战车主要是皇权地位的象征而不是作战的工具。例如,到西周、春秋时期,所有的贵族男子都要接受三项技能培训,即驾车、挥戈和射箭。在汉朝,尤其是汉武帝崇尚百戏,通过百戏展示自己的财富、文化等。再如,去武（demilitarization）是秦朝维护统治的措施之一。私下习武是禁止的,当然私藏武器也是被不允许的,尤其是被征服国的贵族群体。但是完全禁武是不可能的,除非有替代品。因此,在这种背景下,摔跤应运而生成为日常武术训练的替代形式。可能,相对于拳打

---

① Lorge, *Chinese Martial Arts: From Antiquity to the Twenty-first Century*, p.191.

英美学者中国武术文化研究概论

脚踢的形式来说,摔跤的危害性相对较小①。又如,702年,武则天在科举取士的基础上创立武举制,开创了以武取才的先例,选拔军事人才和武学人才。考试考查以下五方面能力:长距离射箭、骑马射箭、骑马用枪、徒步射箭和摔跤。洛奇认为,普通人很难有机会学习骑马、射箭,所以武举制主要是针对精英或非汉族人而设的②。宋代武艺表演盛行,其实很大的原因是迎合宋代皇帝的喜好③。据司马光记载,当时皇帝喜欢看女子摔跤④。值得注意的是,把武术当作娱乐来看,说明重文轻武现象开始抬头。

其二,跳出了武本位,有效地补充和突出了女性和文人在中国武术史中的贡献。比如,在《战争中的女人们》一节,洛奇着重论述的是妇好(Fu Hao),因为妇好是中国历史上第一个有实名、有战绩记载、有完整古墓的女将领。据1976年安阳妇好墓考古挖掘发现的甲骨文记载,其中有12处记载好妇的作战活动。妇好是商王武丁的妻子,显然是贵妇,却能征善战,曾率领1.3万人的队伍作战⑤。没有任何迹象说明妇好是商代女人的代表,作者也承认并不清楚女人参战是不是当时的普遍现象。

再如,六朝时期的女性习武者较多,中国学者林伯源说是由于受北方草原民族的影响,洛奇认为这个结论证据并不充分。毕竟,汉民族早期就有女性习武的传统,如妇好。洛奇举了三国时期的例子,孙权⑥见妻子都是战战兢兢的,因为他的妻子有上百个侍女,各个佩刀,可不只是为了好看。另一个突出的例子是西方人都知晓的花木兰。一首《木兰诗》被吟诵至今,从东方传播到西方。洛奇认为诗歌中的花木兰不是中国人,依据是从她买马和装备(草原文化)去参军的事情及花木兰服役的统治者并不是中国统治者可以看出来。只是这首诗是用中国文学形式写出来的,体现的也是中国价值观所推崇的孝道。洛奇将花木兰与妇好作比较,书中都有详细论述。

① Lorge, *Chinese Martial Arts: From Antiquity to the Twenty-first Century*, p.60.
② 同上书,第111页。
③ 同上书,第130页。
④ 同上书,第133页。
⑤ 同上书,第13~14页。
⑥ 笔者注:这里洛奇的书中有误,原文为 Sun Quan,但根据其所述的史实,应该举的是刘备的例子而非孙权。

第六章　皮特·洛奇的中国武术研究

又如，杜甫在《观公孙大娘弟子舞剑器行》的序中对剑器浑脱这一独特舞姿有出神入化的描写。洛奇还谈到了在宋元历史中，蒙古族女性和汉族女性习武，焦点是描写比武招亲的例子。为了增强说服力，洛奇首先讲述宋末元初山东好汉李全（其妻子杨妙真）的故事，再介绍宋代的弩的优缺点，接着介绍射技与射礼，延伸到社会对文和武的态度转变，其中有卖油翁的故事。洛奇还研究了朱熹和欧阳修的文武观[①]。文人的介入改变了武术的生态。清朝的《王征南墓志铭》表达了作者反清复明的思想。洛奇引用英语世界其他学者的观点（主要是道格拉斯·怀尔和夏维明），认为他的思想成了中国武术内外家之分的起源，这其实也是亨宁的观点，本书第三章已经作过介绍。洛奇总结道：唐朝的文人习武，宋朝的文人不习武，明朝的文人尚武，而且，明代武术发展的最大特色在文上，而不是在练上[②]。

其三，延续了物本位，注重器物研究在武术史研究中的作用。器物是了解古代历史的重要依据，年代越久远，器物在历史研究中的重要性越大，因为不可能事事都有文字记载，而器物则是生产、生活留下的痕迹。在古代武术研究中，兵器自然成了首选的"史料"。中外史学研究皆然。兵器在古代除了杀敌之用，还用来惩罚下属，也是权力的象征，就像武侠小说中的尚方宝剑一样。将军出征，王会赐予他/她象征王权的兵器，将军死去，也会有兵器随葬，这一点在妇好墓的考古发现中也得到了印证。新兵器的出现带来战事的转变，从石器、木棍，到铜器、弓箭、戈、斧、矛，再到剑、戟、枪、刀等。不同的时代，一般会有不同的兵器出现。对兵器的考究，也是洛奇研究中国武术史的主要内容之一。例如，洛奇不仅对棍的描写十分详尽，对剑的演变描写也很详细，从西周，经春秋到战国，不同时期剑的尺寸、形状、材质各异，都有十分详细的解释，还原了当时的兵器的模样[③]。

其四，补充了生活史的资料，丰富了武术史研究的内容。洛奇还注意到了武艺与酒肉的关系，并加以论述。同时，探讨有关射艺发展成为民间习俗，

---

① Lorge, *Chinese Martial Arts: From Antiquity to the Twenty-first Century*, pp.126~127.
② 同上书，第180~184页。
③ 同上书，第35~37页。

如射小鬼、射柳祈雨和射稻草人的活动①。江湖郎中利用武艺表演达到卖药的目的,以及卖药郎中针灸点穴与武术内家的关联等,都可以在书中找到相关史料。

三、书写模式的选用

洛奇身为以英语为母语的历史学博士,在研究中国武术时,他的专业性充分体现在《中国武术:从古代到21世纪》的书写模式之中。

首先是古今结合。史学家马克·布洛克(Marc Bloch)认为,如果对现实茫然无知,那么努力去理解过去将是徒劳。以古察今,也是中国治史的传统。火器的广泛应用,使得中国武术从军事武术的战场中脱离出来,逐渐发展成为理论和技术系统都完备的运动形式和文化现象。中国武术的生存空间由战场转向文学、戏剧、宗教场所和擂台,现在跻身于影视和西方的现代体育中。武术经近代以来的改造本已奄奄一息,只有武术文化还体现在功夫电影和武侠小说中。洛奇认为,从历史研究来看,中国武术演变过程中充满了秘密和讹传,危害多、无意义,影响了武术的发展。中国武术难以入奥,而日本、韩国的武术入奥了,与此不无关系②。

其次是中外结合。例如,洛奇认为,战车是大约公元前1200年由中欧亚(Central Eurasia)传入中国。彼时驾车作战乃君子之战,约好时间、地点,达成一定的协议,这和古希腊的决斗相似。贵族作战的目的就是征服另一派贵族。在论述秦朝的摔跤时,洛奇在书中首次提到现代中国武术学术圈的人物,利用当下中外研究者的研究成果进行互证。蒙古族武术更加注重骑马、射箭,《马可波罗游记》中对此有记载。

再次是述史与想象结合。历史学想象一般被认为有损于历史学的客观性,因而广受质疑。但是,也有历史学家认为,历史学离不开想象。例如布洛克曾说过,历史学以人类的活动为特定对象,它思接千载,视通万里、千姿百态,

---

① Lorge, *Chinese Martial Arts: From Antiquity to the Twenty-first Century*, pp.143~145.
② 同上书,第204页。

令人销魂,因此它比其他学科更能激发人们的想象力。[①]洛奇的研究发现,武舞最早的记载是战国时期。在洛奇看来,武舞是最早的武术演练套路,其作用多在于精神鼓舞和情感唤醒。

总之,全书框架按照编年史的顺序,探讨从石器时代到21世纪长达数千年内中国武术的发展、演变历程。全书共分10章,每章选取代表当朝当代武术发展过程中的标志性器物和事件,然后以点带面,勾勒出武术发展的阶段性特征。在写作模式上,遵循史书撰写的一贯性原则,即有史有论,史论结合。突出的特点是洛奇以西方的视角,将跨文化比较的方法巧妙地运用到史论之中,将中国武术的发展置于更大的背景之下。德国社会学家马克思·韦伯在《论理解社会学的基本范畴》中说过"要理解凯撒,并不一定要成为凯撒",中国人也常说"旁观者清"。以人为鉴,可以明得失;以史为鉴,可以知兴替。

瑕不掩瑜,作为一个外国人,能对中国武术看得这么全面与透彻,实属不易。况且,中国武术即使在中国国内学术界也是末枝。很多问题至今模糊不清,千头万绪。正如洛奇在书的前言中所说的那样,中国武术虽然是一门古老的艺术,却是历史书写的新领域。日本和韩国的武术早已被西方所认识、接受并研究,比较来说西方人了解中国武术的时间要晚得多,真正的学术研究始于20世纪80年代。洛奇的这一研究成果无疑将西方学术界对中国武术的关注向前推进了一步。在这部雄心勃勃的作品中,洛奇试图阐述中国武术传统的完整历史,从军事到民间艺术,从青铜时代到当今的全球化时代。他的工作细致,思维开阔,研究充分。书中洛奇还提出了许多关于武术的意义和发展的难题。洛奇凭借《中国武术:从古代到21世纪》一书,奠定了在武术研究界的学者地位。此书的特色在于其比较的眼光、独特的史料选择和研究视点。

第三节　皮特·洛奇的中国武术观

在收集、分析、论述史料的过程中,研究者必定会形成自己的武术观。洛

[①] [法]布洛赫:《历史学家的技艺》,张和声、程郁译,上海:上海社会科学院出版社,1992年,第10页。

奇的中国武术观主要表现在以下几个方面。

一、关于中国武术的起源

他坚定地认为,中国武术是由战场搏杀和狩猎活动发展而来的身体锻炼技术。武术尽管是身体锻炼的技术,但是与地位、心智、精神等产生了紧密联系。起初,战争和狩猎在中国贵族中的重要性是凸显的,因为只有贵族阶层才和骑马、射箭密切联系在一起。贵族作战不仅使用武器,还讲究一定的规则,这些规则反过来强化了他们的贵族意识。随着时间的推移,社会和技术的发展动摇了贵族的军事、经济和政治地位。军队的扩张和武器装备的改善使得军事技术走进了平民阶层。在动荡与战患的年代,武术就这样在中国社会中蔓延开去。

二、关于中国武术的发展演变

随着社会的发展,分工越来越细,出现了"士"的阶层。士是利用自己的技术(尤其是武术)或知识(尤其是思想)参政或寻求改革而进入较高社会阶层的人。洛奇举了孔子及其弟子为例。洛奇认为武术派别在中国历史上出现得较晚,只是在明代(1368—1644)或稍早时间,在此之前,武术没有明显的派系划分。中国武术发展到现代已经变成了徒手自卫术、满足审美需求的器械杂耍、抽象的修身养性运动及健康促进活动,这远远偏离了原初的武术形式。洛奇认为这些变化都没有错,因为武术已经失去了当初的社会土壤[①]。武术异化影响的不仅仅是武技,还有政治、社会、地域和习练阶层的转向,例如海外华人习武是在异乡寻求民族身份的认同感。

三、关于武术的界定

洛奇将武术定义为各种源于格斗术的技能或运动形式,即使在后来的发展中和格斗没有直接关系,但只要是明显从格斗术演变而来都是武术范畴。洛奇还特别指出一种现象不应该归于武术,比如一个人天生就擅长打架,这种打架不应算作武术,因为这种打架没有技术的传承,无法生成特定的知识,当然也

---

① Lorge, *Chinese Martial Arts: From Antiquity to the Twenty-first Century*, pp. 2~4.

就失去了"术"的性质①。洛奇还强调,所有的文化中都有武术,高度发展的格斗技术并不是东亚特产。中国武术的特别之处并不是中国有而其他国家没有,只是练习的形式和意义不同而已。而且,洛奇还强调,没有理由把学习使用枪支(firearms)排除在武术之外。从根本上来说,武术就是充满暴力的技术。即使在纯粹表演中,武术动作都十分讲究效果暴力(effective violence)。效果暴力也追求动作表现上的赏心悦目,因此在戏剧和影视中被广泛应用,经久不衰②。

四、关于武术正宗的价值判断

某种武术正宗(authentic)与否,是武术界最具争议性的话题,具体包括它的技术是不是地道的技术、传授是不是真心的传授、大师是不是真正的大师。一些武术家在对抗或表演中获胜就宣称自己最正宗,反对者说那是人为的规则,单论技术的使用没有什么意义;一些武校从实用出发贬低别的武校练的花架子,对方反驳说:单从技击出发不是武术的真意,打倒别人只是末技。千言万语汇成一句话,就是"别人是假的,我们是真的"(They are bad, we are good.)。到底孰真孰假,作为外国人的洛奇无法分辨清楚,不无感慨地认为"正宗"真是一个 fraught concept。英语单词 fraught 既有"满载的",又有"忧虑的、担心的"意思。他形象地将这种"正宗情结"作了一个比喻,就像一个士兵可能已经学会了杀敌的技术,却败在自己手里,因为他始终无法证明自己的技术正宗不正宗③。更有当下一些武术老师妄言,"现代武术不是真正的功夫,既没历史底蕴也没真正价值,就是市场而已"④。洛奇最后将正宗总结为,"正宗存在于自我感觉里,也存在于不同武校的市场竞争中"。事实上,中国武术拳种流派正宗是有标准的,"源流有序、拳理明晰、风格独特、自成体系",虽然是在 20 世纪 80 年代制定的标准,这也是时代发展的结果,假如在明代或清代关于流派正宗与否争论不休,可能早已出现了标准。技术标准与否也是要看核

---

① Lorge, *Chinese Martial Arts: From Antiquity to the Twenty-first Century*, p. 4.
② 同上书,第 5 页。
③ 同上书,第 8 页。
④ 同上。

心技术的，如太极拳讲究掤、捋、挤、按、采、挒、肘、靠，形意拳的"劈、崩、钻、炮、横"，八卦掌的"走、转、拧、翻"。如果没有这些核心技术，正宗当然无从谈起。洛奇这种"正宗虚无观"的认识偏差还表现在他对中国饮食的看法上。洛奇认为，正宗是没有固定标准的，就像没有谁能够断定什么是正宗的中餐一样。他说，一个中国人在国内做菜时添加了一种新食材，难道这菜就不正宗了？欧洲人从中南美洲将辣椒引进到中国，现在也成了很多地方中餐的必备品。按照明代以前的标准，使用辣椒的中餐都是不正宗的。如果一个中国人做菜技术很糟糕，他做的菜就比一个非华人用同样的配方做的菜正宗吗？洛奇认为中国武术正宗不正宗的问题和中餐正宗不正宗的问题是一样的，都没有明确的答案。显然，洛奇混淆了正宗和个性化之间的区别。一个事物正宗与否的决定因素应该是看其核心构件，如果核心构件没变，其他构件的变化不影响该事物的属性。

第四节 小　结

在国内，中国武术史的研究成果颇丰，自唐豪先生的奠基之作《中国武艺图籍考》和《中国民族体育图籍考》问世之后，中国武术史的研究大门被开启。而成果较为集中出现的时间是在1985年习云太的《中国武术史》出版之后。截至目前，除了专门的拳种史和地方武术史，已有10多本《中国武术史》相继出版。从时间上看，既有通史，也有断代史。就空间而言，除了中国武术史，还有中国地方武术史，如《广东武术史》《湖北武术史》；还有专门的拳种史，如《太极拳史》。史家治史，必然在新材料、新方法上下功夫，方能取得创新性成果。英语世界的中国武术史研究者，成果较有分量的学者除了美国学者洛奇，还有美国道格拉斯·怀尔和斯坦利·亨宁、英国学者保罗·鲍曼、以色列学者夏维明等人，他们的成果都值得去探讨。

中国历史学家杜维运曾说过："历史不能止于是往事的记录，止于往事的记录，历史将真是'断烂朝报'，'一堆杂乱混在一起的事实'，难言崇高的价

第六章 皮特·洛奇的中国武术研究

值。历史于往事的记录以外，应是研究往事的学术。"①可见，历史包含客观的存在和主观的意识。意大利历史学家贝奈戴托·克罗齐（Benedetto Croce）认为，在人的精神之外没有真实的历史，历史就是凭证与人们精神生活之间的那种联系，"历史不是别的，而是那种联系"②。英国历史学家罗宾·乔治·柯林伍德（Robin George Collingwood）提出，一切的历史都是思想史，都是在历史学家的心灵中重演过去的思想③。虽然有些人过分强调人的主观意识，但是，面对客观的往事（凭证），放弃思索也就等于放弃史学工作者的责任。在这一点上，中外史学家的观点是一致的。在武术界，中外学者也基本上都是按照有史有论、史论结合这一范式对武术史展开研究。摆在研究者面前的是与武术相关的器物（如兵器）或文献（如史书），研究者动用各自的知识储备"使确凿的东西变成真实的东西，使语文学与哲学携手去产生历史"，目的都是想从繁杂的表象之中寻觅到左右着武术发生、发展的必然与偶然。至于在此基础上学者又看到了什么，比如有外国学者认为"了解中国武术，就了解了中国文化，也就了解了中国人"，这也许是我们今后相当长一段时间内研究不尽的课题。

---

① 杜维运：《史学方法论》，北京：北京大学出版社，2006年，第17页。
② [意]贝奈戴托·克罗齐：《历史学的理论和实际》，傅任敢译，北京：商务印书馆，1982年，第5页。
③ [英]柯林伍德：《历史的观念》，何兆武、张文杰译，北京：商务印书馆，1997年，第303页。

英美学者中国武术文化研究概论

第七章
保罗·鲍曼的中国武术研究

就层次而言,文化一般可以分为大众文化(mass culture 或 popular culture)和高雅文化(high culture)。高雅文化一般包括马歇尔所指的"古典音乐、严肃小说、诗、舞蹈、高雅艺术和其他供相对较少的并受过教育的人们欣赏的作品"①。大众文化一般指吉登斯所说的"被成千上万或几百万人观看、阅读或参与的娱乐"②,或是指斯特里纳蒂所讲的"那类普遍可得的人工制品:电影、录音录像带、CD 或 VCD、时装、电视节目、沟通和交流的模式等"③。进一步分析,大众文化具有 3 个特点:(1)许多人追随或参与、质量不高、蓄意制造和自娱;(2)具有商业性或商品的特点,交换价值超过甚至掩盖住使用价值;(3)主要目的是获得商业利益,主要功能是满足更多人的娱乐,作品的社会责任感很少或不强④。当然,人们无法彻底割裂大众文化与高雅文化之界限,也没有判断大众文化与高雅文化之标准。例如,1990 年歌曲《今夜无人入睡》成为英国流行歌曲畅销榜的第一位,但是任何高雅文化的捍卫者都无法拒这首歌于高雅文化之外。再如,虽然功夫片受人追捧,具有追逐商业价值的特性,但是谁都不敢说这类影片的社会责任感很少或不强。

---

① Gordon Marshall(ed.), *The Concise Oxford Dictionary of Sociology* (Oxford: Oxford University Press. 1994), p. 403.

② Anthony Giddens, *Sociology (the third edition)* (Cambridge: Polity Press, 1997), p. 364.

③ Dominic Strinati, *An Introduction to Theories of Popular Culture* (London: Routledge, 1995), p. xvii.

④ 夏建中:《当代流行文化研究:概念、历史与理论》,载《中国社会科学》,2000 年第 5 期,第 91~99 页。

第七章 保罗·鲍曼的中国武术研究

根据中西方学者的界定,武术文化显然偏向于大众文化。自 20 世纪 90 年代以来,伴随着工业化、城市化和大众传媒的发展,武术文化研究成为学术界的热点。在中国国内,早期的相关研究集中于武侠文学,后期研究取向越来越聚焦,主要包括武术大众文化解读①、武术文化空间论绎②、媒介与文化资本挖掘③、武术文化发展探索④,等等。在英语世界,早期的相关文献主要是对中国武术文化的介绍,后期的研究跨学科性质表现得十分明显,主要涉及武侠文学、历史学、文化人类学和社会学等学科,但是多数研究并非单独针对中国武术文化。相对来说,英语世界中从大众文化视角研究中国武术,成就最大者非英国文化学者保罗·鲍曼莫属。

第一节 保罗·鲍曼的学术背景和治学取向

保罗·鲍曼在英国利兹大学先后获得了英语学士学位、文化学硕士学位和文化学博士学位。2000 年到 2003 年,鲍曼任教于巴斯斯帕大学,教授文化学相关课程。2003 年至 2008 年,他任教于伦敦罗汉普顿大学,先后担任媒体与文化学专业讲师和高级讲师。2008 年以来,他任教于卡迪夫大学新闻媒体和文化学院,并担任"媒体、文化和创新团队"的负责人、教授和博士生导师。鲍曼与武术的结缘始于他 20 多岁的时候,曾系统学习过杨式太极拳,非系统性学习过蔡李佛拳和形意拳。在学术上,鲍曼的研究领域包括文化学、影视学、大众文化、东西方文化比较和后殖民研究,近年来致力武术研究,成果显著。此外,他还积极组织举办武术相关会议和专题研讨会,创办学术刊物《武术研究》(*Martial Arts Studies*)等,是目前英语世界中国武术研究领域最为活跃的成员之一。

---

① 王国志、邱丕相:《解读武术大众文化》,载《体育文化导刊》,2005 年第 12 期,第 47~49 页;王国志、邱丕相:《多维文化视角下的大众武术》,载《上海体育学院学报》,2008 年第 2 期,第 63~66 页。
② 吉灿忠:《武术"文化空间"论绎》,博士学位论文,上海:上海体育学院,2011 年。
③ 李义杰:《媒介与文化资本》,博士学位论文,杭州:浙江大学,2012 年。
④ 侯胜川、刘同为:《大众文化视域下的中国武术发展研究》,载《沈阳体育学院学报》,2014 年第 5 期,第 139~144 页;高晓明:《大众·传媒·融合:当代武术发展的路径选择》,载《河北体育学院学报》,2016 年第 3 期,第 91~96 页。

英美学者中国武术文化研究概论

继2007年第一本学术专著《后马克思主义与文化研究》（*Post-Marxism versus Cultural Studies: Theory, Politics and Intervention*）[①]出版之后，鲍曼的学术研究逐渐聚焦于用解构主义和大众文化研究的相关理论来研究中国武术。2008年出版《解构大众文化》（*Deconstructing Popular Culture*）[②]一书，提升了自身的理论储备。鲍曼发现李小龙的电影使西方人对中国武术很迷恋，在某种程度上深刻影响了西方的大众文化，所以他认为这种现象值得重视。于是他用自己储备的理论知识，在2010年完成《理论化李小龙：电影、狂热、格斗、哲学》（*Theorizing Bruce Lee: Film-Fantasy-Fighting-Philosophy*）[③]一书的撰写和出版。接着，再次进行理论储备，出版《文化与传媒》（*Culture and the Media*, 2012）、《周蕾作品研究》（*The Rey Chow Reader*, 2012）、《解读周蕾：视觉、后殖民、种族和性别》（*Reading Rey Chow: Visuality, Postcoloniality, Ethnicity, Sexuality*, 2013）3部专著。鲍曼认为，文化研究理论服务于武术研究实践，于是，又有4部武术研究专著《超越李小龙：通过电影、哲学和大众文化逐龙》（*Beyond Bruce Lee: Chasing the Dragon through Film, Philosophy and Popular Culture*, 2013）、《武术研究：跨越学科之界》（*Martial Arts Studies: Disrupting Disciplinary Boundaries*, 2015）、《武术神话学》（*Mythologies of Martial Arts*, 2017）、《武术研究读本》（*The Martial Arts Studies Reader*, 2018）相继出版发行。有的书如《理论化李小龙：电影、狂热、格斗、哲学》还被翻译成多国文字。鲍曼也因其在英语世界武术研究领域的学术成就显著而多次被邀请到日本、韩国、美国、德国、意大利、爱尔兰等国讲学，新冠疫情期间曾受邀参加中国高校主办的线上国际学术会议。

---

① Paul Bowman, *Post-Marxism Versus Cultural Studies: Theory, Politics and Intervention* (Edinburgh: Edinburgh University Press, 2007).
② Paul Bowman, *Deconstructing Popular Culture* (London: Red Globe Press, 2008).
③ Paul Bowman, *Theorizing Bruce Lee: Film-Fantasy-Fighting-Philosophy* (New York: Rodopi, 2010).

第七章　保罗·鲍曼的中国武术研究

第二节 《理论化李小龙：电影、狂热、格斗、哲学》：武术人的文化遗产

李小龙的一生虽然短暂，但是他的功夫哲学、打斗技术和东方形象对全世界的影响是巨大的，甚至在一定程度上改变了大众文化的某些元素。李小龙的影响，概而言之，突出体现在两个方面：一方面是拳技和拳理。李小龙摒弃了武术派别之见，融汇各国武术之长，结合自己天才般的想象力创立截拳道。武术研究者如果无视李小龙的拳技和拳理，就无异于丢掉了一块宝藏。另一方面是东方智慧和东方形象。李小龙的电影主题鲜明，人物个性突出，所传递的信息正是影视学研究、后殖民主义研究、文化研究、身份研究和政治研究的绝好素材。这是鲍曼决心要理论化李小龙的初衷。这一点鲍曼在该书正文前的读者导读中讲得很清楚。换言之，鲍曼将"李小龙现象"推向一个很高的学术之地，将李小龙理论化，简单地说就是从李小龙的格斗术、功夫哲学和电影中解构李小龙，以求达到丰富影视学研究、后殖民主义研究、文化研究、身份研究、政治研究和武术研究之效。

一、将学术目标崇高化

在鲍曼看来，理论化李小龙是一个崇高的学术目标。一直以来，西方学术界对武术研究存在偏见，认为打打杀杀、充满暴力、琐碎不堪，根本就是"小孩子的把戏"（kids' stuff）。因此，尽管李小龙掀起的大众文化风靡全球，但是学术界对李小龙仍然抱有毫无意义的刻板印象。这种刻板印象包括：微不足道、暴力、男权主义、东方主义；是一种神话化的另类商品包装，以迎合盲目崇拜西方的目光；从神话逻辑上讲，种族划分被简化为海报、T恤、书呆子的电影收藏；它为世界各地的欺凌者、炫耀者、格斗迷和幻想者提供了一整套新的动作和姿态词汇，用于装腔作势、吹牛和打斗，等等。鲍曼反对学术界对"李小龙现象"的罔顾，反对刻板化李小龙。他引用著名文化学者的观点，认为刻板化别人的人，其实自己的思想首先已经刻板化了，已经变得陈腐、毫无创新之力了。周蕾表示："任何对他人刻板印象的指责，无论是否意识到，自己

97

本身都已不可避免地陷入刻板化之中。"①也就是说，为了批判刻板印象，一个人必须以某种方式诉诸刻板的态度和假定。例如，为了否定某一种态度为种族主义刻板印象，首先需要形成某种态度，以朝向这种态度，形成刻板印象或将其标记为如此的姿态，从而表现出一组不同的特征。周蕾还认为，在政治和文化背景下，政治体制对刻板印象的成功运用不仅证明了刻板印象是陈腔滥调、一成不变的，而且更重要的是，刻板印象能够导致并不存在的现实。鲍曼还引用黑格尔的名言，警告那些"将日常所见视为微不足道"的人：那些众所周知（familiarly known）其实就是不知，就是因为周知……（周知）本身是最常见的自欺形式②。基于周蕾的文化理论和黑格尔的话语，鲍曼认为李小龙研究绝不是微不足道的日常琐事，绝不是"小孩子的把戏"，而是一个严肃的主题，象征着一种不可思议的父权制和拜物教商品，一种理想主义的崇高目标。

二、将研究内容大众化

今天武术意味着什么？它们对东西方的跨文化交流意味着什么？武术在大众文化中的表现如何影响世界？什么是真正的实践？从功夫到柔术，从李小龙到空手道少年，武术神话探索了当代大众文化中武术所彰显的意识形态。鲍曼结合自己的武术实践和学术视角，完成了《武术神话学》③一书。受到罗兰·巴特（Roland Barthes）神话研究的启发，该书专注于全球武术的符号和实践，将文化研究、电影研究、媒体研究、后殖民研究与新兴的武术研究领域结合起来，探讨武术在全球文化中的更广泛意义。

鲍曼认为，首先要承认李小龙影响的存在。戴维斯·米勒（Davis Miller）是一位李小龙的崇拜者，他在第一次观看李小龙电影时就被他的武技所震撼，他写道：

> 电影刚开始一分钟，李小龙就打出了他的第一拳。随之而来的是，一种力量从李小龙的腹部滚滚而来，不仅影响着银幕上他的对

---

① Ray Chow, *Primitive Passions* (New York: Columbia University Press, 1995), pp. 57~58.
② G. W. F. Hegel, *Phenomenology of Spirit* (Oxford: Oxford University Press, 1977), p. 35.
③ Paul Bowman, *Mythologies of Martial Arts* (London: Rowman & Littlefield International, 2016).

第七章 保罗·鲍曼的中国武术研究

手,也影响着影院里的观众。一股气流嗖地而过,我的双手在颤抖,浑身从头到脚都在抖。紧接着李小龙踢出了我平生见过的第一个真正的飞脚。我张大的嘴巴,就像垃圾车的尾部。这个人会飞。不像超人——比超人更厉害——他的手和脚呼啸着飞过。是的,更厉害!这哪里是一部电影,分明是一个影子盒的幻想;李小龙的每一个动作中都有一颗现实的种子。观看他打斗的这种体验感觉就像一场梦。

在电影《龙争虎斗》中,李小龙的动作非常流畅,明显带有他自己独特的打斗风格。没错,出拳速度相当快,甚至比拳王阿里还快。快到你根本看不清他的行拳路线。你只能看到拳的起点和落点,中间过程是看不到的。这似乎是不可能做到的事情,然而,李小龙做到了,就在我面前,就在这个 20 英尺高、闪闪发光的银幕上做到了。[①]

在李小龙迷那里,李小龙就是"20 世纪的武神"(the twentieth-century god of martial art)。他的影响是显而易见的,"李小龙去世之前,全世界的武校不到 500 家,20 世纪 90 年代末期,由于李小龙的影响,仅在美国就有超过 2 000 万名学生习武"[②]。似乎每个侧踢都会让人想起李小龙。李小龙不仅是在侧踢史上留下了不可磨灭的印记,而且包裹着的整个武术都成为后来在东西方公众意识和话语中的身份符号。甚至有人说,当今这个星球上没有一个武术家不受布鲁斯·李的影响。

李小龙对大众身体感官上的影响,用德勒兹和瓜塔里的话说,就是一个杰出的"感性事件"(sense event)。但是,感官会传递给内心,从而内化为世界观、人生观和价值观。鲍曼转引了另一位李小龙迷的话:

第一次见到李小龙,进入眼帘的既不是詹姆斯·阿尼斯(James Arness)用手枪抽打一个醉醺醺、满脸胡子抢匪的粗俗场面,也不是詹姆斯·邦德(James Bond)出手救人于危难之时的巧妙手法,也不是约翰·韦恩(John Wayne)笨手笨脚地在酒吧间里对着摇摇欲倒的桌子和薄得像纸一样的仿玻璃大吵大闹的画面。相反,李小龙展示了

---

① Davis Miller, *The Tao of Bruce Lee: A Martial Arts Memoir* (London: Vintage, 2000), p. 4.
② 同上书,第 148 页。

人体达到最高形态的科学,而暴力,无论多么令人发指,总是奇怪地净化人的心灵。①

对影视学亦有深入研究的鲍曼来说,李小龙彻底改变了电影中的打斗场面。如米勒所说的"我们这些20世纪60年代之前出生的人成长在一个把拳打脚踢视为肮脏打斗的文化中;现在几乎每一部动作电影的每一场打斗中都用到了武术"②。李小龙改变了职业格斗运动员的训练方式,改变了动作片男女主角的打斗方式,改变了电子游戏程序员的思维方式。因此,鲍曼说,李小龙带来的是一场"文化革命"。

当然,研究李小龙文化影响的学者当中,鲍曼肯定不是第一位。戴维斯·米勒、约翰·利特尔(John Little)、布莱恩·普雷斯顿(Brian Preston)、里昂·亨特(Leon Hunt)等曾深浅不一地就李小龙对文化的影响作过研究。例如,普雷斯顿曾将李小龙的受欢迎程度与越南战争对美国人心理的影响联系起来③。亨特指出,功夫狂热的亚洲迷们实际上喜欢的是一种与武术毫无关联的盲目,是另一种以追求和占有为特征的东方主义④。类似这样典型的现象解读对于具有西方思维的人来说并不稀奇,无论是文学、史学、心理学,还是社会学,他们总是在关联、探究意料之外的东西,因此相比东方学者,他们的理论似乎层出不穷。李小龙研究自然脱不了此臼。即使李小龙意外去世也不是两个医生医学验尸那样简单,如果这样简单就太没意义了。在鲍曼看来,西方必须对其进行"后现代验尸"(post-modern post-mortem)。只有"后现代验尸"才能有望回答一系列的问题,如李小龙身上究竟有多少迷?李小龙到底留给我们什么遗产?为什么我们想让李小龙永远活着?为什么中国人需要李小龙式的英雄?是中国人爱李小龙还是美国人爱李小龙?爱他什么?甚至有人将西方人好评如潮的电影《卧虎藏龙》和李小龙关联起来⑤,分析那抹不去的龙的印记及其深层

---

① Bowman, *Theorizing Bruce Lee: Film-Fantasy-Fighting-Philosophy*, p. 13.

② Miller, *The Tao of Bruce Lee*, p. 149.

③ Brian Preston, *Bruce Lee and Me: A Martial Arts Adventure* (London: Atlantic Books, 2007).

④ Leon Hunt, *Kung Fu Cult Masters: From Bruce Lee to Crouching Tiger* (London: Wallflower, 2003).

⑤ John R. Eperjesi, "Crouching Tiger, Hidden Dragon: Kung Fu Diplomacy and the Dream of Cultural China," *Asian Studies Review* 28 (2004): 25~39.

第七章 保罗·鲍曼的中国武术研究

机理。这看似微不足道的问题,却是国际关系和国家治理中需要高度警惕的现象,因为这涉及的是大众知识的建构、认知成见的形成和日常文化政治决策的制定等。

三、将文化阐释在地化

由于李小龙的影响过于强大,因此他去世之后在西方出现某种程度上的文化危机,尤其是在影视界。然而,西方凭借丰富的社会学和文化学研究成果,总能找到解决问题的出路。李小龙去世之后,好莱坞历经波折培养出查克·诺里斯(Chuck Norris)、尚格·云顿(Jean-Claude Van Damme)、史蒂文·西格尔(Steven Seagal)等白人武打演员,继而发展为西化武术(westernized martial arts)。西化武术的实质就是"东方武术,西方调适"。也就是说,无论西方演员在屏幕里怎么打,所用的招式都被视为来源于东方,如 2003 年电影《杀死比尔》(Kill Bill)、《最后的武士》(The Last Samurai)和《防弹武僧》(Iron-proof Monk)都是如此,再次让一个掌握亚洲武术的白人成为主流美国电影的叙事主题。蒂尔尼通过对这些电影的文本分析,发现了好莱坞制作的功夫片中极为常见的四个主题:白人在种族上的生存能力、亚洲人的必要失败、对反白人情绪的排斥,以及至少有一个乐于助人或慷慨的亚洲人存在①。蒂尔尼还发现:这些电影带有种族偏见,至少有利于白人主人公。对于蒂尔尼来说,这是值得注意的,也是有问题的,因为功夫片起源于亚洲。20 世纪 70 年代,随着李小龙作品的崛起,功夫片首次在美国大受欢迎。但是,如今,亚洲的维度仅仅被简化为一个主题,甚至是一种崇拜。这是好莱坞制片人对李小龙研究成果的巧妙运用,明里高调利用李小龙的打斗技术,暗地里悄然改变李小龙的民族情绪,从而制造出西化武术之拳技,树立白人光辉形象。这便是鲍曼所说的"东方的东方主义和西方的偏见"的内涵所在。

当然,文化融合无可厚非。加里·克鲁格(Gary J. Krug)认为,不同民

---

① Sean M. Tierney, "Themes of whiteness in *Bulletproof Monk, Kill Bill*, and *The Last Samurai*," *Journal of Communication* 56, no. 3 (2006): 607~624.

族和习俗的文化融合也会出现在武术的表征之中①。因此,中国武术、空手道、柔道和其他形式的武技被塞进一个同质的、想象的地方,在这里,武术只是作为旁观者想象中的亚洲意符,各种武技的复杂性消失在意义系统和话语系统内现成的关系中。鲍曼就此也想强调的是,对于大多数西方人来说,他们所接触的并不是原汁原味的武术,他们对武术的认识源于大众媒介的表征,如电影、书籍、电视等,而这些表征本身基本上是东方主义幻想和刻板印象的再现。由于缺乏必要的拳理阐释性话语,武术文化的表现形式只能被浅薄地解读,而西方的思想则会被植入,为观众提供进入电影故事的主观想象。鲍曼认为,这是一种意义再生的主要机制②。武术是亚洲文化进入西方主流文化的一种有效手段。从中我们可以看出,当西化武术占据主流市场时,中国武术传播依靠好莱坞电影已经是不明智之举。蒂尔尼也说过"电影并不是跨文化交流的好方式,因为它们在本质上相当片面"③。

克鲁格还曾基于空手道系统研究了西方影视对东方武术文化的再利用。他认为西方影视对东方武术文化的再利用可以划分为三个阶段:第一阶段是发现和神话阶段(discovery and mythologizing),时间大致是20世纪20年代至70年代;第二阶段是西方实践东方武术阶段(practices in the West),时间大约是1946到1980年;第三阶段是调适和去神话阶段(appropriation and de-mythologizing),时间是20世纪80年代至今。在克鲁格看来,亚洲的历史、文化和实践话语创造了武术,并界定了武术的实践,但在西方尚未得到广泛承认。其原因不仅仅在于技术,而且在于文化阐释。事实上,中国武术甚至包括中医都经历了上千年的验证,虽然有的还没有被广泛地使用现代科学进行阐释,但是的确有其道理。克鲁格认为,虽然引入了穴位和经络这样的概念,但中医不能仅凭它们就获得广泛的理论合法性甚至是可理解性,因为无论是拳理还是中医,可理解的前提是文化的可解性和话语的正当性。克鲁格直言,"深

---

① Gary J. Krug, "The feet of the master: Three stages in the appropriation of Okinawan Karate into Anglo-American culture," *Cultural Studies: Critical Methodologies* 1, no. 4 (2001): 395~410.

② Bowman, *Theorizing Bruce Lee: Film-Fantasy-Fighting-Philosophy*, p. 34.

③ Sean M. Tierney, "Themes of whiteness in *Bulletproof Monk*, *Kill Bill*, and *The Last Samurai*," *Journal of Communication* 56, no. 3 (2006): 607~624.

第七章　保罗·鲍曼的中国武术研究

奥或神秘的武术哲学需要一定程度的解释和阐述,而这在武术领域本身是不可能实现的"①。

四、将理论运用多元化

鲍曼认为,要寻求西方社会如何对李小龙遗产和中国武术的再利用,必须采用跨学科(interdisciplinary)的方法或莫厄特所说的反学科(anti-disciplinary)②的方法,因为要掌握武术的"全部真相",至少要掌握档案研究、史学、翻译学、比较哲学、文化与宗教、心理学、社会心理学、政治经济学、市场营销学、美学、政治学、电影学和大众文化等诸多领域的相关知识③。当然,任何单一学科的解释都会存在偏见,例如有人从马克思政治经济学出发研究武术,发现武术原来是一种缘于商品化而发明的"传统";有人从政治社会学出发研究武术,发现武术原来是一种"身份"④。

为了说明西方社会对李小龙遗产和中国武术的再利用,鲍曼动用了德里达、齐泽克、海德格尔等人的理论进行分析。齐泽克认为,反抗已有建制的跨界真相就表明新建制的出现,在新建制中,跨界是必须的组成部分⑤。德里达也认为,"一个建制不仅仅是环绕、维护、保障或限制我们工作自由的几堵墙或一些外部架构,它也已经是我们解读事件的架构"⑥。海德格尔对于"跨文化之间是否存在真正的哲学之桥"很感兴趣,在他的名篇《从一次关于语言的对话而来——在一位日本人与一位探问者之间》中,探究者(海德格尔)认为"尽管存在着各种同化和混合,(东亚和)欧洲之间的真正相遇仍未发生"。对海德格尔"文化间对话"的解读也引发了鲍曼的怀疑:东西方的真正相遇是尚未发生,还是不可能发生?李小龙到底有没有在东西方文化之间架起了这座桥梁?鲍曼展开了对李小龙《截拳道》一书的研究,认为李小龙所犯的错误就是

---

① Krug, "The feet of the master," (2001): 395~410.

② John Mowitt, *Text: The Genealogy of an Antidisciplinary Object* (Durham: Duke University Press, 1992).

③ Bowman, *Theorizing Bruce Lee: Film-Fantasy-Fighting-Philosophy*, p. 47.

④ 同上书,第48页。

⑤ 同上书,第64页。

⑥ 同上书,第65页。

相信自己所成功创建的东西直接通达事物的核心。也就是说，他像齐泽尔一样陷入认为自己创立的东西都是客观的、前所未有的、独创的、横空出世的"真理"。鲍曼认为，没有纯粹的建制偶然性和文化偶然性，一切创建都是有前因后果的。

  美是多方面的，如乐曲的美通过旋律和节奏体现，图像的美通过构图和色彩体现等。暴力的美就是用强力的形象进行符合美学规律的表达。从美学角度而言，暴力和美是一对矛盾体，彼此应该是互不相容。但是暴力和力量通常是合为一体的，且力量美又是人类所欣赏的。从古典时代的各种健美的雕像到如今的各种体育比赛，都充分表达着人类对力量美的赞许和追求。暴力美学和纯粹暴力是有区别的，纯粹暴力不会给人以美的享受。有人说，暴力美学就像烟花，绽放的瞬间那绚丽的光彩足以让人陶醉，而并不会在意这光彩实际上是来自爆炸，但是单纯的爆炸就不会让人觉得美。暴力美学和纯粹暴力的区别正像这样。观看纯粹的暴力行为会让人产生不适感，而当人们观看暴力美学作品时，肾上腺素会受到强烈刺激，全身会充满愉悦感和畅快感。减少不适感是暴力美学实现的第一步，通常采取的手段有：给主人公的暴力行为一个正当的理由，比如主人公背负国仇家恨或目的是为民除害，打斗全过程极具仪式感；也可以通过一些手段分散观众的注意，淡化暴力的概念。比如，把主角设定为一个美女，或打斗场面用美景修饰，或者以物品的破坏来代替人体的破坏（反派被摔在桌子上，桌子碎了）。仅仅减少不适感是远远不够的，暴力美学的着眼点是力求展现力量美和速度美，这就是蔡龙云大师所强调的"击必中，中必摧"，也就是戴国斌教授所说的"中国武术不仅要能打，而且还要打得漂亮"。

  李小龙的暴力美就是这样完美展现了中国功夫"不仅能打，而且打得漂亮"。鲍曼对李小龙打斗动作进行详尽描述、分析。里昂·亨特将20个世纪70年代以来的功夫片发展粗略地分为三个阶段：第一阶段是李小龙开创的"个人真功夫替代蹦床辅助的打星"，第二阶段是"编剧塑造英雄"，第三阶段是"高科技塑造打星"[①]。亨特认为，李小龙的"真身"（corporeal authenticity）堪

---

① Hunt, *Kung Fu Cult Masters: From Bruce Lee to Crouching Tiger*, p. 23.

第七章　保罗·鲍曼的中国武术研究

称"无欺美学"（no-tricks aesthetic），效果如同真实纪录片①。为了解构李小龙打斗的真实性，鲍曼将电影《猛龙过江》里面的李小龙打斗场面与《BJ单身日记》(Bridget Jones' Diary) 中的丹尼尔·克里弗（休·格兰特饰）和马克·达西（丹尼尔·费斯饰）打斗场面进行了比较分析，认为《BJ单身日记》里面的打斗滑稽、绅士，体现出典型的英国礼仪（typical English manners）。而《猛龙过江》备受功夫迷的推崇，一是因为它提供了对李小龙身体恋物癖似的关注，二是因为提供了李小龙教科书似的武打动作②。

鲍曼通过分析发现，随着社会的发展，人们的消费观、审美观也发生变化，逐渐转向布鲁克斯·兰登（Brooks Landon）所说的"矛盾心理美学"（the aesthetics of ambivalence），即观众逐渐接受虚假打斗并将虚假（fake）视为真实（real）。鲍曼认为，"这种矛盾的美学，以其不可思议的双重投资，实际上注入了武术家自身的话语、实践和取向"③。阿巴斯（Ackbar Abbas）曾批评动作片中过度特技化（over-technologized）的现象为"退化的节点"（point of degeneration）：

> 它不再是我们平常看到的人体运动的编舞设计。说真的，我们无法定义它是何物。现如今，影片里的一切都在加速，其速度如此之快，呈现在我们眼前的只不过是光与色的组合罢了。在这种光色组合中，所有的动作都消解为一种抽象表现主义或行动绘画④。因此，影片里谁对谁做了什么，其动作的真假有无是无法辨别的。从这个意义上说，李小龙的英雄空间就是个盲区，而且这个盲区就是因为过度使用光影所致，即过度使用徐克式的特效所致。⑤

---

① Hunt, *Kung Fu Cult Masters: From Bruce Lee to Crouching Tiger*, p. 37.
② Bowman, *Theorizing Bruce Lee: Film-Fantasy-Fighting-Philosophy*, pp. 75~76.
③ 同上书，第78页。
④ 译者注：行动绘画（Action Painting），也称抽象表现主义（Abstract Expressionism），是美国的一个绘画流派，于20世纪40年代中期出现在纽约。这种绘画艺术与一切传统绘画形式相背离，追求一种画面和色彩的偶然效果。西方美术史论家认为行动绘画与中国画的泼墨方式相似，画面效果有接近中国书法艺术的趣味及美感。
⑤ Ackbar Abbas, *Hong Kong: Culture and the Politics of Disappearance* (London: University of Minnesota Press, 1997), p. 32.

鲍曼认为,技术(所谓特效)总是作为一种不可根除的和必要的补足发挥作用,是对真实再现的补充,但是这并不是一个孤立的事件,现代性或后现代性、殖民性或后殖民性等缺席的在场(absent presence)或在场的缺席(present absence),都通过这样的文化文本进行交流。只有通过文本阅读或视觉阅读才能发掘事件背后的意义①。

五、解构文化事件

德里达(Jacques Derrida)在《哲学的边缘》(*Marges de la Philosophie*)一书中说:事件的发生与传播,不仅仅是一种关于"意义"的现象,因为我们所要处理的既不是语义和概念,也不是符号操作,更不是语言交流②。基于德里达的解构理论,鲍曼提出分析李小龙现象应该将其看作一场文化事件(culture event),这个事件直接导致西方身体及身体话语的重大转变③。在鲍曼看来,这种现象就是后现代主义者所说的幻影(simulacrum),心理分析文化理论界所说的幻觉(fantasy)。幻觉和现实是形影不离的。莫厄特说过,是什么使得现实看起来具有独创性?是幻觉④。幻觉既具有社会性,也具有精神性,某种程度上会使我们无法完全区分主客和内外。朱迪思·巴特勒认为,幻觉与社会规范、价值和实践动态地联系在一起,这些社会规范、价值和实践以精神现实的形式存在⑤。李小龙,一方面完美地展示一种规范(作为英雄男性的认同);另一方面他又重新诠释这些规范。李小龙就是这样以一种卓越的方式介入了国际文化的奇幻生活、话语和实践。鲍曼认为,文化现象这一视角不仅让我们把握了在特定历史语境下修身养性的可能性,也让我们看到了个体、物质身体是如何记录和揭示生态政治景观,它也有助于阐明意义、符号、认同、欲望、身体实践与历史变迁之间的联系和交流的复杂性。

---

① Bowman, *Theorizing Bruce Lee: Film-Fantasy-Fighting-Philosophy*, p. 84.
② Derrida J., *Margins of Philosophy* (London: Harvester Wheatsheaf, 1982), p. 309.
③ Bowman, *Theorizing Bruce Lee: Film-Fantasy-Fighting-Philosophy*, p. 85.
④ Mowitt J., *Percussion: Drumming, Beating, Striking* (Durham and London: Duke, 2002), p. 143.
⑤ Judith Butler, "Competing Universalities," in *Contingency, Hegemony, Universality: Contemporary Dialogues on the Left*, ed. Butler, Laclau and Žižek (London: Verso. 2000), p. 154.

第七章　保罗·鲍曼的中国武术研究

鲍曼从历史的角度回顾了李小龙的时代。他认为，李小龙的到来或许最应该被视为第一代反文化（counterculture）的终结，这种反文化的种子在"二战"中就已经播下。另据特里·布朗（Terry Brown）等研究发现，这种反文化在20世纪50年代出现并在20世纪60年代激增。在这一历史背景下，西方文化与东方功夫相遇，李小龙的介入显然架起了文化间的桥梁，他革新了西方人所认识的武术，树立了刚烈的个人主义哲学，重塑了亚洲人在西方的形象。正如许多学者所论证的那样，身体实践是真正塑造我们的东西，也是能够改造和改变我们的东西。所以，鲍曼认为，要找到幻想介入和影响精神生活的方式，李小龙是最好不过的例子。当然，在"幻想"与"成为"之间，存在着巨大的鸿沟。李小龙提出的幻想需要的是功夫，也就是李小龙独创的截拳道，一门理性、高效、跨学科的武学（martial science）。鲍曼说，与功夫的相遇就是与幻觉的邂逅。在他看来，当前迫切需要研究的就是幻想，因为这是一个被普遍视为东方意识和意义中心的问题，它可以把我们从主体性的问题带到现象学和本体论的哲学问题中[1]。

民族主义（nationalism）和自恋（narcissism）是一对概念都体现在李小龙的身上。对于西方观众而言，李小龙的自恋超越了他的民族主义，使他更加与众不同，他的功夫为他赢得了后现代英雄的称号，他的动作电影与西方动作场景中的打斗相比，具有创新性和异国情调。张建德（Stephen Teo）对李小龙的自恋作过研究：

> 李小龙的自恋是雪耻行为（anti-shame factor）的一种表现，正是这种行为激发了功夫电影中的人物采取行动。为了证明中国人不再是弱者，李小龙勇敢向前，展示自己的脸（和身体）。功夫的物理艺术需要力量和体格的发挥。自恋则与李小龙想要展示自己而不是丢脸的冲动有关。[2]

如果仅仅把李小龙看作一位功夫大师，而不考虑他的民族主义情感，那就是把他看成在照镜子的那西塞斯（Narcissus）：所反映的形象是一种没有实质

---

[1] Bowman, *Theorizing Bruce Lee: Film-Fantasy-Fighting-Philosophy*, p. 120.

[2] Stephen Teo, *Hong Kong Cinema: The Extra Dimensions* (London: British Film Institute, 1997), p. 114.

内容的幻觉。这样就忽略了李小龙中文名字中"龙"的象征主义。当龙照镜子时,它看到的不是那西赛斯。这就是中国香港电影反思理论的实质,它反映了香港人的愿望,反映了香港人的心理和行为。这也是李小龙自恋的本质[①]。

鲍曼认为,张建德没有把自恋和民族主义讲清楚,不愿认真看待李小龙的自恋概念,显然是将自恋理解为虚荣[②]。认为李小龙虚荣的,还有乔·刘易斯(Joe Lewis)。鲍曼认为,这并非虚荣那么简单。弗洛伊德将自恋定义为生活中不可或缺的一部分,是自我维持的本能机制。

鲍曼从李小龙身上看到:任何一个武术天才,不在于其技艺的积累,而在于其能够在潜在的无限的单一环境中实现元原理(meta-principle)的能力[③]。所以从1968年起,李小龙将他的武术命名为截拳道。然而,从1971年开始,据说李小龙后悔以此命名,因为名字所暗示的是一个实体,一个固定的身份,以及一个稳定的形式和内容,而李小龙想要的是"像水一样"无形无道。1973年,就在他英年早逝前不久,他甚至要求他的高年级学生全部停止教学。他究竟为什么要这样做,目前还没有定论。截拳道是一种可以教授和学习的东西,但不能被正式化、制度化或标准化。如果那样,截拳道就失去了生命。作为一个年轻人,他为自己赢得了名声;与日韩武术相比,李小龙的中国功夫表演与众不同。李小龙对当时武术不满意,认为当时武术是无效的,过于死板做作,百无一用。于是他开始创新,他在咏春拳中加入了跆拳道、击剑、拳击、柔术和其他国外武技,从而创造了一种"百家拳"。当然,鲍曼的评价也还是得回到历史语境中:20世纪60年代至70年代,许多这种发明都是在对经典或正规武术项目一知半解甚至完全无知的情况下产生的。这种反项目当然产生了新的项目:MMA或混合武术,正如它的名字所证明的那样,事实上从来就不是一个东西。但随着时间的推移,它已经变得如此具体(包括踢、打、抓等地面技术),具有可识别的特征和形式。拒绝项目并不是从项目中解放出来。所有的

[①] Teo, *Hong Kong Cinema: The Extra Dimensions*, p. 120.

[②] Bowman, *Theorizing Bruce Lee: Film-Fantasy-Fighting-Philosophy*, p. 130.

[③] Paul Bowman, "The intimate schoolmaster and the ignorant sifu: Poststructuralism, Bruce Lee, and the ignorance of everyday radical pedagogy," *Philosophy and Rhetoric* 49, no. 4 (2016): 549~570.

第七章 保罗·鲍曼的中国武术研究

武术演变、所有的武术范式、所有的武术学习,都涉及重新训练一个人的身体或身体惯习。这只能在项目范围内实现。

鲍曼认为,李小龙的武术观主要包括四点:第一,无战而战(fighting without fighting);第二,以无法为有法(using no way as way);第三,以无限为有限(no limitation as limitation);第四,行拳若水(be like water)。

如何理解无战而战?鲍曼将李小龙创造截拳道和德里达创立解构主义进行类比。他说,美国遇到李小龙的功夫,正如法国遇到德里达的解构主义一样。1964年,当代文化研究中心在伯明翰成立。同年,李小龙的演示录像为他赢得了一次试镜机会,让他得以在电视剧《青蜂侠》(The Green Hornet)中饰演加藤。直到1968年,斯图尔特·霍尔成为伯明翰中心主任,李小龙对他自己的"不是方法的方法"进行一番思讨。此前,德里达已经对自己的"解构主义"进行思讨。然而,李小龙后悔将自己的拳术命名"截拳道"。之后不久,德里达才开始后悔将自己的理论命名为"解构"[1]。换句话说,李小龙自身的拳学理论也是处于不断地解构又不断建构的过程之中。

"无战而战""以无法为有法""以无限为有限"颇具佛学蕴意。李小龙的武学思想在其生前有限的几部作品中有所阐述,但是集中体现在李小龙的电影《龙争虎斗》的台词中:

师父:你的武功已经超出有形的境界,进入了化境。此后望你能身心一致,发挥到最高境界。马上回答我,什么是武术的最高境界?

李:把技巧隐于无形。

师父:还有,当你面临敌人的时候有什么感觉?

李:我眼里没有敌人。

师父:那是为什么?

李:我只是个抽象的字,没有别的意思。

师父:好,说下去。

李:我觉得搏斗应该是一种游戏,可是我非常严肃地玩这种游戏。作

---

[1] Bowman, *Theorizing Bruce Lee: Film-Fantasy-Fighting-Philosophy*, p. 55.

为一个好的武术家,是绝对不应该拘于形式,而要把武术融化,收发自如。当对方畏缩的时候,我就立刻伸张。而当对方伸张的时候,我就应该步步小心,处处设防。这就是以退为进,以进为退。当我在绝对有利的时候,用不着我思考,它自然就把对方击倒。

师父:不错,所谓敌人,只不过是一个幻影,而真正的敌人则藏身于其后,你若能消灭幻影,就能消灭敌人的真身。你于它,只不过是一个常常被背誓的习武者所滥用的武器。几百年以来,甚至在枪炮发明的影响之下,我们少林寺的戒规是从来也没有变更的。少林寺戒规第十三条是什么?

李:徒弟当然记得,作为一个传统正义的武术家,应该对自己的言行绝对负责。

在鲍曼看来,李小龙功夫哲学中最具佛学意义的莫过于他的"指月手"。在很多有关李小龙的著作中都会提到"指月手"。指月手的故事来自电影《龙争虎斗》中的片段:

李:来,踢我。踢吧。

(徒弟踢出一脚。)

李:这不是表演,我跟你说过,要利用你冷静的头脑。再来一次。

徒弟:嘿!(踢时大叫一声)

李:我说的是要利用你冷静的头脑,而不是愤怒,我们再来一次。

李:慢点,慢点,好,你放松了。你现在觉得怎么样?

徒弟:让我想一想。

李:(马上用手拍徒弟的脑门)别想,快点。反应要快,就像是直觉地把手指向月亮。(再次拍徒弟脑门)记住,反应慢了就只能够看到手指,而决不能看到月亮的光华了。你现在明白了吗?

(徒弟笑着微微点头,然后向李鞠躬。)

李:(第三次拍徒弟脑门)你在鞠躬的时候,眼睛不能够看自己,而要看对方。

"行拳若水"的字面意思很好理解,用李小龙自己的话说就是"不要太死

第七章　保罗·鲍曼的中国武术研究

板，就像水。不要受限于有限的习俗和姿态。如有需要随时随地流动。不停地走来走去。发现空隙，转进去点爆他们"，等等①。但是鲍曼觉得还有更深层意思：那就是思想上的解放，不拘谨、不纠结，张扬时波涛汹涌，内敛时静如止水，吸收有用的，抛弃无用的，添加自己的。

鲍曼对李小龙武学思想的思考，也促成了另一部著作《武术神话学》的诞生。对于鲍曼来说，所有神话都处在建立权力等级制度的边缘，这种权力往往会被滥用，导致不公正。因此，他认为神话的根除是一种解放行为，尤其是当涉及真实性、起源和世系的神话时。鲍曼探讨了亚洲武术在西方的地位。他关注文化交流及其背后的理论假设，特别是民族主义和东方主义，例如，论东西方话语中气的概念与真实性和世系假设；论动作电影美学的变迁与性别话语；论东西方神话叙事的乒乓球运动，以及武术研究与神话潜流②。

此外，鲍曼甚至对李小龙使用的兵器也很感兴趣。他曾经对双节棍的运动特征进行运动学的分析，继而转入西方人文思考。李小龙为什么钟情于双节棍呢？鲍曼认为很可能与"相对容易学习，但难以掌握，令人印象深刻，壮观"等因素有关。

> 如同他在拳场上尖叫、裸露的瘦而有形的躯干，以及那仿佛有抓痕的皮肤一样，双节棍是李小龙身上最后一件带有拜物教色彩的挚爱武器。声音的线条、条纹的线条、肌肉的线条、静脉的线条、红色的砍痕和划痕，以及双节棍的双线条连接在一起构成了李小龙的特色。除此之外，他的截拳道多强调直线进攻的重要性，最好是脚向前、手向前，直接攻击到最近的目标，以便直接切入并直接完成任务。从这方面来说，李小龙整个就是直线条的人。③

从李小龙使用的双节棍，鲍曼看到了李小龙反传统的性格特征，甚至认为这是"东方转向"（turn east）或是"后现代自我创造转向"（a turn to

---

① Bowman, *Theorizing Bruce Lee: Film-Fantasy-Fighting-Philosophy*, p. 158.

② 书评：《武术神话》。https://www.researchgate.net/publication/318343902_Book_Review_Mythologies_of_Martial_Arts，访问时间：2018年12月15日。

③ Bowman, *Theorizing Bruce Lee: Film-Fantasy-Fighting-Philosophy*, pp. 163~164.

postmodern self-invention）的标志。

综观鲍曼对李小龙的研究，其继承西方人文传统的哲思和极尽想象之能事，从幻觉打开，在西方语境中将李小龙的身体和身体话语层层解构，在"暴力"（暴力美学）、"民族主义"（重塑龙的传人形象）、"自恋"（自我维持的基本本能机制）、武术哲学、后殖民主义、后现代等关键词中纵横剖析，绘制出李小龙研究的路线图。鲍曼的理论方法深深植根于后现代主义，得益于黑格尔和马克思主义的思想，其思想动力是英美文化研究[①]。

第三节 保罗·鲍曼的"武术学"构想与行动

鲍曼近年来一直致力于武术学的构建。从筹办《武术研究》学术期刊，创建武术研究学术网站，到频繁召开武术研究学术会议，英语世界的学者看到了鲍曼的努力。鲍曼认为，当前正值武术研究在全球的兴起和迅速扩散之时，这是一个令人兴奋和充满活力的新领域。武术研究过去一直被学术界视为琐事，在学术界难以发出声音，或根本不被视为一个值得去作学术探讨的议题，在学术界没有取得应有的合法地位[②]。近年来，武术研究领域在自身进展和公众推广方面都取得了令人瞩目的进步。鲍曼认为，这一成功表明，编辑、资助机构和宣传推广部门等越来越多的学术守门人（scholarly but non-specialized gatekeepers）将对我们这一领域的发展产生影响，而吸引读者，这是武术研究突破的关键一步。而打动这三大守门人的沟通原则就是：聚焦于活跃的武术人物、描述其完整的故事脉络、强调其行为的社会意义。此外，鲍曼强调，如果我们不能深入研究实证数据，就将永远无法说服非专业读者相信武术社会话语和因果机制对更广泛的社区有实质性的影响。同样，试图证明武术研究作为一个跨学科项目是重要的，并能带来一些传统方法可能无法企及的东西，也是我

[①] Book Review: Mythologies of Martial Arts. Available from: https://www.researchgate.net/publication/318343902_Book_Review_Mythologies_of_Martial_Arts, accessed December 15, 2018.

[②] Paul Bowman and Benjamin Judkins, "Editorial: Is martial arts studies trivial," *Martial Arts Studies*, no. 4 (2017): 1~16.

第七章　保罗·鲍曼的中国武术研究

们努力达到的目标①。鲍曼的这一认识很独到，也很实际，因为只影响到圈内人对于个人的学术威望是有效的，但是对于整个学科的起步不是关键，关键在于能够吸引编辑、资助机构和政策制定、宣传、推广部门等非专业的学术守门人的注意。关于武术的学术讨论和学术研究在东方早已出现，但主要是在"权威"的学术渠道之外。因此，从区域研究这个意义上说，以英语为母语的武术研究是姗姗来迟的。但是可喜的是，诸如文化研究、人类学、历史学和社会学学术学者已经开始寻找一种方法来合法化作为一个学术领域的武术②。

何谓武术学？一般来说，定义是展开研究的第一步。对武术的共同学术兴趣目前正把来自许多不同领域的学者聚集在一起，似乎需要围绕武术的对象、领域和方法达成某种共识。因此，很多学者觉得有必要给武术下个定义③。但是，鲍曼并不这么认为。他反对一切形式的单边主义，反对为了学习武术或研究武术而定义武术，主张理论先于定义的必要性，也就是说先搁置定义，承认后结构主义话语方法在武术研究中的价值。他说，武术的定义问题对于新兴领域的武术研究来说，是一个干扰和转移人们注意力的事情，更紧迫的任务不是就我们的目标的定义达成共识，而是建立一种共同的、谨慎的、有文化的、分析的、具有理论知识的批评话语，可以以不同的方式为学术和公众辩论作出贡献。他说：

> 在同一学科或领域内，总是存在着学科差异，甚至在概念和方向上也存在着巨大的差异。不同的学术渊源和培养方式带来了不同的问题、不同的关注对象、不同的价值观和方法等。在可预见的未来，武术研究将不可避免地建立在不同学科的工作和方法之上。④

---

① Paul Bowman and Benjamin Judkins, "Show, don't tell: Making martial arts studies matter," *Martial Arts Studies*, no. 5 (2018): 1~14.

② Paul Bowman and Benjamin Judkins, "Editorial: Is martial arts studies trivial," *Martial Arts Studies*, no. 4 (2017): 1~16..

③ David E. Jones, *Combat, Ritual, and Performance: Anthropology of the Martial Arts* (Connecticut: Praeger, 2002); Lorge, *Chinese Martial Arts: From Antiquity to the Twenty-first Century*, 2012; Lorge, "Practising martial arts versus studying martial arts," *The International Journal of the History of Sport* 33, no. 9 (2016): 904~914.

④ Paul Bowman, "The definition of Martial Arts Studies," *Martial Arts Studies*, no. 3 (2017): 6~23.

不仅如此,他还认为,当前时机不够成熟,如果急于给武术下定义,就可能成为学科发展的障碍:

> 我认为定义问题的日益突出确实证明了在目前武术研究的状况下是大有前途的。这肯定反映了建立一个合法的、严格的、符合学术规范的领域的驱动力。从这个意义上说,我们现在的时刻是非常重要的。我们应该非常高兴。然而,在我看来,在目前急于明确界定和确立事物的过程中,存在着一种我们正为某些误解所困扰的风险。这些误解可能成为该领域发展的障碍。①

也就是说,在对武术进行定义之前,必须对其进行解构性剖析,而这种解构性剖析并不是某单一学科所能解决的。因此,理论剖析在前,下定义在后,不应急于下定义。否则,就是人为地对武术研究设限,会阻碍武术研究的发展。皮埃尔·布尔迪厄(Pierre Bourdieu)说"社会学是一门武术"并加以强化,鲍曼说武术学更是一门学术。跨学科的话语中没有琐碎的东西,它们不仅有能力丰富学科,而且有能力改变它所从中出发的学科②。

一个学科在建立之初,往往会饱受质疑。鲍曼,作为一名文化学者,着迷于武术研究并立志以此为业,受到过同事的蔑视。当学术专著《武术研究:跨越学科的边界》面世时,又受到某"内行"的诋毁甚至是污言秽语、人身攻击。攻击他的人骂他是"书呆子"(nerds),一辈子没打过架能研究什么武术,所写的无非是外行话,为了沽名钓誉而已,所研究的东西对武术发展没用。言外之意,只有能打善斗的武术高手才配作武术研究。具有讽刺意味的是,面对如此尖锐的批判,鲍曼没有针锋相对,而是使出文化之剑,刻出"武术研究理据",得到业内的广泛认可,并发表在国际刊物上,着实又一次狠狠地刺激了

---

① 详见 Paul Bowman. What can a martial body do for society? 2017. Or, theory before definition in Martial Arts Studies. Presented at: Martial Arts and Society Conference-On the Societal Relevance of Martial Arts, Combat Sports and Self-Defense, German Sport University, Cologne, Germany, October 6~8, 2016.

② Paul Bowman and Benjamin Judkins, "Editorial: Is martial arts studies trivial," Martial Arts Studies, no. 4 (2017): 1~16.

第七章 保罗·鲍曼的中国武术研究

谩骂者①。

鲍曼认为,武术的学术研究总是会令非学术的练家们失望,因为武术学术研究不单是关注武术本身。事实上,任何一门学科的学术研究永远都不能孤立地关注单一事物,否则,难以称为学术研究。就武术的学术研究而言,可能包括身份、性别、种族、阶级、民族、历史、移民、全球化、媒体、技术、意识形态、宗教、哲学、生理学、伤病治疗与康复,等等。只有透过不同的学科知识对此消彼长的诸多问题不断地进行解构和建构,才会形成某一领域并推动其向前发展。具体而言,如"太极拳或者跆拳道中无论是关于膝关节、血压或脑功能医学机制的研究,还是关于武器的历史形成、关于街头暴力的政治意图等,都有可能因为它们的原则漂移或者远离日常话语而具有干预现实世界的能力"②。中国科学院院士韩启德认为"医学始终是人学",那么在鲍曼看来,武术也始终是人学。目前,武术学术研究急切需要对话,鲍曼说:

> 根据某些以精神分析为导向的文化理论家的观点,如果我们生活中太多的确定性很快被证明是错误的,那么这将对我们的主观稳定性和心理健康产生深远的影响。如果长期习练太极拳的人得知太极拳实际上并不是古老的、一成不变的、永恒的,更多的是19世纪基于意识形态的发明,而他们习练的这种被认为古老的太极拳并不比20世纪80年代更古老,会发生什么呢?如果南少林的习练者得知南少林寺根本没有被夷为平地,不存在少数僧侣逃脱,所有的人物和故事都是杜撰的,会发生什么呢?当空手道的习练者得知空手道就是20世纪的产物或者跆拳道的习练者得知跆拳道是在20世纪50年代构思、设计和命名的,它并不是源自于持续不断的传统,会发

---

① Paul Bowman, "Making martial arts history matter," *International Journal of the History of Sport* 9, no. 33 (2016): 915~933.

② 同上。

生什么？①

鲍曼认为，尽管这些研究结果难以让人从情感上接受，但是需要用证据来反驳。从个人感受出发，鲍曼觉得也许没必要去反驳，但是对亚洲武术研究的结果并没有妨碍他喜欢和继续习练亚洲武术。但是令他迷惑不解的是，武术史究竟对于谁来说是那么的重要？他发现，武术研究有时候就是一种话语，一种想象，而这种话语、想象会使习练者从肢体中、动作中、脉搏上，感受它具体的知识、技术、运动系统和智慧。

在英语世界中，有些大学已经设立了武术学学位，或者虽然学位不是武术学，但是学生可以以武术学为研究方向②。武术学位课程绝大多数倾向于根据既有的学科（如历史学、人类学、心理学、体育学、管理学、商学等）或职业议程（目标是培养能够胜任体育教师、健康与健身顾问、体育与休闲经理，甚至是保镖或政府安保人员等工作的毕业生）来接近研究对象。如美国布里奇波特大学攻读武术学学位的毕业生职业导向包括：武术教练、企业家、运动心理学家、治疗师、记者、媒体教师或大学教授、犯罪学专家、DEA 探员、FBI 探员、INS 探员、查验官、情报员、营养师、疗养师。教学大纲由不同的模块组成，这些模块涉及的内容包括：武术史、武术与东亚的思想、武术与社会心理、武校发展、经商之道、武术科研方法、儒释道、武术概况、武术传播、武术的想象与现实（Image and Reality in the Martial Arts）、实习和毕业论文/报告。专项包括跆拳道、空手道和太极拳。其中，太极拳包括中国武术入门、太极拳练习和气功培训。鲍曼认为，就武术学研究而言，无论一个人多么努力地追求事物本身，任何研究在某种意义上总是涉及对它的跨越和重新配置，也就是说任

---

① 另外，关于对亚洲武术的质疑，请参阅以下文章 Judith Butler, Ernesto Laclau and Slavoj Žižek (eds.), *Contingency, Hegemony, Universality: Contemporary Dialogues on the Left* (London: Verso, 2000)；Wile, *Lost T'ai Chi Classics of the Late Ch'ing Dynasty*；Wile, *T'ai Chi's Ancestors*；Frank, *Taijiquan and the Search for the Little Old Chinese Man*；Kennedy and Guo, *Jingwu*；Judkins and Nielson, *Wing Chun*；Douglas Wile, "Review of Benjamin Judkins and Jon Nielson, *The Creation of Wing Chun: A Social History of the Southern Chinese Martial Arts*," *Martial Arts Studies*, no. 1 (2015), pp. 83~85.；Krug, *At the Feet of the Master*；Chan, *The Construction and Export of Culture as Artefact*；Gillis, *A Killing Art*；Moenig, *Taekwondo*.
② Douglas Wile, "Asian Martial Arts in the Asian Studies Curriculum," *JOMEC Journal* no. 5 (2014).

第七章 保罗·鲍曼的中国武术研究

何研究都无法孤立地前行①。

第四节 小　结

　　作为文化学者的鲍曼，选择李小龙作为研究对象，使用德里达解构主义理论，不仅展示了李小龙给全世界带来的是怎样的一种文化事件，还解释了为什么会出现这种文化事件。换言之，全世界武术迷崇拜李小龙和中国功夫，到底为什么会如此崇拜？鲍曼认为，这需要从媒介技术、文化人类学、哲学等视角去剖析。也就是说，如果"李小龙现象"是个谜，鲍曼想要做的就是解开这个谜，还要从文化现象分析上升到文化机制剖析。在鲍曼一系列关于李小龙的研究成果问世，并在英语世界武术研究者中产生较大影响之后，鲍曼继而提出建立武术学的构想。这是一个系统性工程，首先面临的是一系列术语的界定。但是鲍曼认为，可以暂且避开纷纷扰扰的术语纠缠，让现象分析和理论研究先行。例如，文化研究的规律，众所周知，"文化"这个术语本身目前尚无统一的定义，估计永远也不会有统一的定义，但是这丝毫没有阻碍文化研究的开展。与其花费大量的时间来争议"武术学"的定义，还不如先就各种武术文化现象进行剖析。

　　自20世纪60年代以来，随着工业化、城市化、全球化、信息化的快速发展，流行文化对社会和人们行为的影响越来越大、越来越明显，已然成为埃米尔·杜尔凯姆（Emile Durkheim）所讲的"社会事实"。这种社会事实又与消费主义相互影响，继而影响个人、民族，甚至世界范围内的文化认同。社会学家已经意识到，无论是把握时代大趋势，还是处理眼前百姓事，都必须研究文化；而大众文化正是"社会阶级或阶级内部阶层凝聚的一个重要因素"②，是社会学家赖以了解公众意识的窗口。

　　中国武术是中国文化的集大成者，在国际上是中国文化的代表性符号（有

---

① Paul Bowman, "Asking the question: Is martial arts studies an academic field," *Martial Arts Studies*, no. 1 (2015): 3~19.

② 夏建中：《当代流行文化研究：概念、历史与理论》，载《中国社会科学》，2000年第5期，第99页。

人称之为中国文化名片)。英语世界的学者已对中国武术文化展开了前所未有的深入研究。深入到什么程度,可能会出乎中国学者的意料。例如,德国刀刃博物馆副馆长、武术研究专家韦茨勒(Sixt Wetzler)说,"我们的任务不是要去描绘出气是如何流动的,而是要找到中国武术内家拳的习练者认为气是怎么流动的"①。韦茨勒还毫不避讳地指出,"文化研究从一开始就被设计成政治项目,他们不仅想了解这个世界,他们还想改变这个世界"②。

可见,大众文化视域下的中国武术研究在未来存在着许许多多的可能性。就目前所知的,其研究内容或方向包括武术与意识形态、武术与休闲、武术与文化认同、武术的文化资本、武术的文化消费,等等。面对多种可能性,中国学者也应认识到自己所从事的武术文化研究的价值,也应有"不仅想了解这个世界,还想改变这个世界"的抱负,只有站在这样的高度,才能"为天地立心,为生民立命,为往圣继绝学,为万世开太平";只有站在这样的高度,才能对自己所从事的事业充满热情,肩负起学者的担当,不断创新自己的理论。

---

① Sixt Wetzler, "Martial arts studies as kulturwissenschaft: A possible theoretical framework," *Martial Arts Studies*., no. 1 (2015): 20~33.

② Sixt Wetzler, "Book Review: *Mythologies of Martial Arts*," July 12, 2017. https://doi.org/10.36950/apd-2017-011.

第八章
斯蒂芬·塞尔比的中国武术研究

在火器发明之前,真正战场上的搏杀是械斗。使用武器战斗总好过赤手空拳;无论是刀枪剑棍,还是身边的桌椅板凳,甚至是啤酒瓶或小剪刀,都可能被用作武器。

研究中国武术,从器械考据进行,是很重要的途径之一。对于古代武术发生和发展的研究,更是如此。所以,中国武术史的研究,尤其是朝代史,各朝各代都离不开对兵器的分析。弓箭是中国古老的兵器之一。山西省朔州市峙峪遗址考古证实,中国大约在2.8万年以前就已经有了箭。从"狩猎之射"到"文化之射"[①],射箭也成为直接推动人类历史发展的引擎。器械表征着技术,技术催生着制度,最后成为一个民族的文化烙印。在国内,学者马明达[②]、戴国斌、马廉祯[③]都对射艺进行过较为深入的研究。相关的教材或专著有:徐开才的《射艺》(广西师范大学出版社,2015)、袁俊杰的《两周射礼研究》(科学出版社,2013)、顾涛的《中国的射礼》(南京大学出版社,2013)、刘雅娜的《角弓雕翎:弓人杨福喜》(北京出版社,2012)、仪德刚的《中国传统弓箭技术与文化》(内蒙古人民出版社,2007)、锋晖的《中华弓箭文化》(新疆人民出版社,2006)等。作为游学中国香港多年的英国人,斯蒂芬·塞尔

---

① 戴国斌:《从狩猎之射到文化之射》,载《体育科学》,2009年第11期,第79~84页。
② 马明达:《中国古代的射书》,载《体育文化导刊》,2004年第5期,第71~73页。
③ 马廉祯主编:《武学:中国传统射箭专辑》,广州:广东人民出版社,2016年。

英美学者中国武术文化研究概论

比（Stephen Selby）对于射艺又能透视到什么？他的《射书十四卷》(Chinese Archery)①一书又何以能成为研究中国传统射艺的权威著作？

第一节　斯蒂芬·塞尔比的学术背景和治学取向

斯蒂芬·塞尔比，中文名谢肃方，1951年出生于英国伦敦，1974年毕业于爱丁堡大学中国语言、文学与哲学专业，获汉学荣誉硕士学位。塞尔比曾在多个政府重要部门工作，曾任中国香港特别行政区政府知识产权署署长（1994—2011）、亚太经合组织知识产权专家小组主席（2007—2010）。2011年他从政府退休，被授予香港银紫荆奖章。

塞尔比致力研究中国传统文化——对《老子》《庄子》《孙子兵法》《武经七书》等均有广泛而深入的研究。基于中国文学方面的深厚功底，塞尔比对《孙子兵法》和中国古代智慧进行深入研究，并结合西方经济思想和知识产权理论，创造性地将孙子兵法用于知识产权保护。在武学界让其名声大震的是，他致力中国传统射艺的保护、复原、传承、推广与复兴。多年以来，他一直为保护中华传统射箭文化开展各种工作，足迹遍及青海、西藏、内蒙古、新疆等偏远地区，搜集整理了大量珍贵的射艺资料和有关文物，并慷慨拿出200多件自己的收藏品，包括珍藏多年的传统弓箭、射箭装备和制造弓箭的工具等在香港海防博物馆举办亚洲传统射艺展览。他还是亚洲传统射艺研究网络召集人，该网络已经发展为世界各国射艺爱好者和研究者的资料中心。塞尔比不仅研究中国射艺，本人还是一名射箭高手。研习中国传统射艺，因此成为世界上颇具影响力的学者。2000年以来，塞尔比先后出版了《射书十四卷》和《百步穿杨——亚洲传统射艺》两部著作。其中，《射书十四卷》是当代学术界所见到的第一部关于中国射学的专著，具有很高的研究价值，是中国传统箭艺的权威著作，美国学者、中国武术研究专家本杰明·贾金斯称之为"中国传统射箭的圣经"。此外，他还发表了50多篇有关亚洲射艺的研究报告，并在中国多所

---

① Stephen Selby, *Chinese Archery* (Hong Kong: Hong Kong University Press, 2000).

第八章 斯蒂芬·塞尔比的中国武术研究

大学作过相关讲座或开班授课,有力地推动了消沉已久的射学研究的发展。中央电视台①、人民网②都曾对他作过专门的报道。

第二节 《射书十四卷》:射艺里的中国智慧

一、我们的文化,他者的点拨

考古发现,早在旧石器时代晚期,中国人已经使用弓箭,先秦时期,射箭已经由狩猎攻敌的功用扩展为人文教化的活动③。"射以观能""射以观德"的理念已经形成。"射艺"也好,"射学"也罢,不管称谓如何,这种弓箭文化现象已然成为中国武文化的重要组成部分,不仅影响着国内各民族,还深深影响着世界上的其他国家。

然而,随着武举制的废除和冷兵器退出战场,曾经"无射不立"的射文化被时代无情地抛弃。在相当长的时间内,表现在以下几个方面:一是民间射艺几乎无人问津,传承陷入苟延残喘之境地;二是学界没有关于射学的系统文化整理和史学研究,射学研究成为国外的"显学"和国内的"绝学";三是没有正式的官方赛事。

2000 年,香港大学出版社出版了塞尔比的《射书十四卷》。全书包括:《绪论》《传说中的神射手》《射手的巫术》《射礼》《儒家的理想》《弓、箭和靶》《事实、小说或奇闻?》《弩和其他类型的弓》《中国的中世纪》《融合中的中国》《矫枉过正——明代》《明清转型》《末日》《终卷》,共 14 卷。正因为全书内容总共 14 卷,所以中文书名翻译为《射书十四卷》。

该书是当时海内外唯一一部系统研究中国古代射学的英文学术专著,后经网络传播,为更多的人所知晓,并被奉为研究中国射学的经典之作和"中国射

---

① CCTV.com- 洋大侠谢肃方痴迷中国传统骑射文化,https://news.cctv.com/china/20070615/106408.shtml。
② 孙子兵法全球行:英国学者的"知识产权兵法"——知识产权——人民网 (people.com.cn),http://ip.people.com.cn/n/2013/0123/c136655-20296394.html。
③ 龚茂富:《由"术"至"道":中国传统射箭的文化变迁与创造性转化》,载《成都体育学院学报》,2018 年第 6 期,第 44~49 页。

121

箭史的拓荒之作"。因而,该书很快成为英语世界里中国传统射箭文化爱好者和研究者的必备专业参考书。对于中国国内而言,该书在理论上有力地推动了消沉已久的射学研究的发展,在实践上也有力推动了中国弓箭技术的复原。2000年之后,中国与射艺相关的学术研究成果逐渐丰富,学术活动相继举办,赛事活动蓬勃发展。负琰等[1]认为,中华射艺发展的动能源于此书,所言不假。

二、地方性知识,世界品评

作为一部系统研究中国古代射学的英文学术专著,《射书十四卷》的主要贡献可以表现在两个方面:一是该书系统整理了中国古代射学资料,并将其翻译成英文引介到英语世界中;二是作者在译介的基础上,从跨文明的角度对材料进行了注解[2]。较之中国本土研究者,塞尔比有效地将"偏于一隅"的地方性知识展现给世界,供人参阅、研究和批判。

就内容而言,该书关注射艺在中国文化中的地位,有大量古代相关文化辑录,展现丰富的文物资料,涉及哲学、礼仪、文学、历史等主题,旁及神话小说、儒家经典和射书文献的历史文本,力图将历史学、考古学、经学、物理学等学科形成交互作用网络,立体呈现中国射理之原貌。

20年前,该书在国际亚马逊书城刚一上架,国外读者就好评如潮,评语中不乏真知灼见:

> 国外读者1:射箭领域,我是一个新手,两年前开始接触亚洲射箭。斯蒂芬·塞尔比的书不仅仅是一本关于射箭的书,它从军事和弓箭手的角度打开了中国历史之门。它还让我看到了射箭在中国被称为"中央王国"之前的古老根源。许多中国人伴随着有关后羿的口述历史长大,但很多人忘记了后羿使用弓箭射下了9个太阳的故事细节。故事的真假并不重要,但人们必须知道:在这片土地上有关于它的历

---

[1] 负琰、陈雨石、常显玲:《中华射艺发展动向、困境与对策》,载《体育文化导刊》,2022年第11期,第62~68页。

[2] 跨文明比较在书中信手拈来,用来和中国射艺文化进行比较,塞尔比提到的有5万年前的尼安德特人、塔斯马尼亚人、西伯利亚岩窟中出土的复合弓残骸、苏美尔人、罗宾汉、威廉·退尔、蒙古神箭手颉日黑摩尔根,等等。

第八章 斯蒂芬·塞尔比的中国武术研究

史记载之前,就有伟大的射箭故事。在很早之前,射箭一直是被禁止的,所以从本质上说,中国的射箭运动已经结束了,但又被中国的各种能工巧匠和弓箭手重新拾起来。中国以外的许多弓箭手对此非常感兴趣,并练习各种中国的射箭方法。这本书将有助于中国射箭的复兴。它收录了大量的各个朝代的中文著作和手册,并给出了对应的英文翻译。从弓箭制作到射艺原理,都囊括其中。光是这一点,这本书就值10倍的价钱。总之,对于弓箭手或历史学家来说,这本书是必备品。①

国外读者2:对于任何对中国历史和射箭感兴趣的人来说,这是一本颇具权威的书。作者对中国射艺展开了令人难以置信的深入研究。这本书涵盖了射箭在中国的社会、政治和文化角色,内容清晰、简洁、易读。如果你是弓箭手,你的书架上应该少不了这本书。②

国外读者3:斯蒂芬·塞尔比的《射书十四卷》书写思路清晰,毫不晦涩。作者介绍了每一章的主题,然后给出了原始的中文资料和对应的翻译。然后,他讨论了文本和它们所表达的思想。塞尔比小心翼翼地引用了不同的解释,在这些地方,文本可能是模棱两可的,或者可能存在学术争论。文本的大部分讨论都有注释,这对于某一特定部分的文献追踪研究非常重要。这本书涵盖了中国3 000年的射箭历史,讨论了弓、箭、弩、扳指、靶和射击技术。塞尔比在书的开头展示了一些清晰的、与射艺相关的彩色照片,并在作品的正文中补充了一些黑白照片。他还使用古老的木版版画、计算机生成的图纸和图表来加以说明和译介。《射书十四卷》对于学者来说是一种很好的资源,对于非专业人士来说是一本有趣的书。广泛的参考书目和仔细的翻译讨论是本书的一大优点。有了中文文本,这本书比翻译版更有价值,因为读者可以查看原文。随着新材料的发现,《射书十四卷》将成为鉴定中国射艺的重要参考书。弓匠和弓箭手将受益于这本书的描述和

---

① 详见亚马逊书评,Chinese Archery: Selby, Stephen: 9789622095014: Amazon.com: Books。
② 同上。

说明。对传统和现代射箭感兴趣的读者,十分有必要对过去3 000年来中国射箭的真实情况有所了解。即使是一般读者,也会透过射艺这样一个特定运动的窗口,看到一种文化处理其问题的许多方法,包括教育和社会关系。①

国外读者4:我不仅读完了这本书的大部分内容,还见到了作者。他是一个很擅长这本书中所讨论的射箭术的人。我发现这本书对亚洲射箭历史以及与之相关的形式和练习方面的描写都非常详尽。研究水平使其成为一本学术著作,但以一种可读的方式呈现,在适当的地方搭配了图片和图表,几乎每一页都有参考文献的翻译,以及对中国风格射箭的说明。只有有亲身经验的人才能翻译得如此到位,才能解释得如此充分。这本书的一大特色是跨越它所涵盖的历史和地理空间,透视中国的射箭运动。它不是对单一文化的孤立主义观点,而是考虑到了射箭的风格,以及对中国有影响和受中国影响的各种文化对它的态度。②

国外读者5:对于普通读者来说,关于中国传统武术的确凿背景知识并不容易获得,主要是因为伪装成"武术"的现代商业休闲活动的大肆扩散。塞尔比的可靠研究资料主要收集于中国,并翻译了中国文本(旧的和新的),提出了"武术(射箭)不仅仅是一套体育锻炼"的见解。像任何其他传统的中国武术一样,射箭从头到尾都充满了丰富的中国文化世界观。塞尔比并没有试图通过一种带有偏见的欧洲中心视角来解释一种起源于西方之外的活动,要知道这种偏见在当今许多声称在这一主题上具有权威的武术书籍中很常见。尽管在本质上是"学术"的,但是塞尔比的作品以一种易于理解的格式呈现,逻辑清晰。自1949年以来,中国文化经历了破坏和重建过程。塞尔比在序言中写道:"在1800年,传统射箭在中国作为一项绅士运动的地位要比在英国强得多。然而现在,传统形式的射箭和造弓在英语国家是一

---

① 详见亚马逊书评,Chinese Archery: Selby, Stephen: 9789622095014: Amazon.com: Books。
② 同上。

第八章　斯蒂芬·塞尔比的中国武术研究

种流行的爱好和运动,而在中国,几乎没有人记得如何拉传统的弓,更不用说制作了。"因此,塞尔比的研究从有记载的中国历史的最早时期开始,一直持续到1950年。这是一篇引人入胜的学术专著。塞尔比提供了大量的中文参考资料和文本,并用地道的英语进行翻译,无可挑剔。贯穿全书的文化深度之深令人振奋。这是一本罕见的超越主题的书。完美!①

20年后,该书中文版《中华射艺史话》②在豆瓣读书的推介语则充满武侠的想象:

> 《中华射艺史话》③涉及中国从远古到1950年的历史,几乎无所不包。大多数中国历史、文学、哲学和艺术中的著名人物都将一一从"射艺"这一新奇的主题下走过。从那狭窄的窥孔中,我们能听到他们的窃窃私语,阅读他们的金玉良言。我们可以一睹中国人谱写的皇皇史诗——怀抱十字弩的长城守卫在箭塔里挤作一团,他们共同抵御着来自崇山峻岭和大漠荒原的猎猎寒风。风带着苦艾的气味,吹向了守卫身后的石阶。

豆瓣读者的评语也流露着真情实感:

> 国内读者1:从射术的远古诞生到晚清的射术凋敝,一个完整的历史叙述。作为儒家六艺之一的射术,在最早的时候,就是捕猎动物的行为,后来被赋予伦理色彩。这本书涉及古代神箭手、射礼、弓箭文化等方面的知识,相当硬核,这是个看似冷门实则值得细品的领域。④

> 国内读者2:儒家六艺中,"射"可谓是综合其他五项技艺的特殊存在。"射"有射礼,有射乐;"射"的应用技术中有车射,有骑射,

---

① 详见亚马逊书评,Chinese Archery: Selby, Stephen: 9789622095014: Amazon.com: Books。
② 中文版书名取《中华射艺史话》。详见:[英]谢肃方(Stephen Selby):《中华射艺史话》,陈雨石、负琰译,北京:北京大学出版社,2023年。
③ 详见豆瓣书评,《中华射艺史话》(https://book.douban.com/subject/36170453/)。
④ 同上。

皆与"御"相关;"射"要算分,要计筹,投壶礼、九射格等游戏化射礼均有一套算术规则。何以孔子重视"射",与"射"具备的综合性教育价值有关。本书是中华射艺通史类研究的开山之作,原作已出版20年,对后学的启发极大。如今中译本终于面世,希望读者能意识到这一冷门话题背后蕴藏的丰富内涵。①

当然,"看山是山,看山不是山,看山还是山"并不是参禅的专有境界,文化学者亦要有此心。由是观之,《射书十四卷》的重心不在射箭本身,而是以射为媒管窥中国的历史和文化。

三、他者的"惑"与"解"

(一)呈现知识还是传递智慧?

几乎所有的武术研究或文化遗产研究皆是从知识呈现开始的。诸如某某事物的起源、衍生、发展、成熟、衰落、复兴,等等。这似乎是思路清晰、顺理成章之事,但是这种叙事给读者提供的只能是知识的积累,而不是智慧的传递。

《射书十四卷》一书设计精妙,很有代入感。开卷是数张精美的彩图并配有文字说明,有的是与射箭相关的出土文物,有的是与射艺文化相关的画作。读者即使不是弓箭爱好者,也会被图片吸引,而毫无"学术"之累。

从枝条、投石到弓箭理念的诞生,再到火器的发明,塞尔比是作理工类思维分析。相较于尼安德特人②和塔斯马尼亚人③的狩猎技术,早期的中国人也毫不逊色。由理念到技术的转化,关键在于弓箭制造工艺和材料。塞尔比发现:谁掌握了弓箭技术,谁就拥有更多的时间和精力去酝酿新的发明和创造性思维。由此,他推测:一种能有效使用弓箭的文化具有某种竞争优势④。塞尔比明

---

① 详见豆瓣书评,《中华射艺史话》(豆瓣)(douban.com)。
② 尼安德特人(Homo neanderthalensis),简称"尼人",也被译为尼安德塔人,常作为人类进化史中间阶段的代表性居群的通称。因其化石发现于德国尼安德特山谷而得名。
③ 塔斯马尼亚人(Tasmanians)是澳大利亚东南部塔斯马尼亚岛的土著居民,其祖先于旧石器时代晚期经美拉尼西亚迁入。
④ 谢肃方:《中华射艺史话》,2023年,第5页。

第八章 斯蒂芬·塞尔比的中国武术研究

白,他需要的是考古学上的证据。

塞尔比在述及中国古人的弓箭狩猎时,并未提及"智慧"二字。塞尔比的出发点在很大程度上不是为了呈现中国智慧,真正目的是探究中国文化是什么样的,何以成这样。他的无意之举给我们的启示是:中国文化走向世界,我们需要做的是重在呈现知识还是重在传递智慧?而智慧的传递是否只有说出"智慧的中国人"才能得到充分表达?

(二)巫术还是妖术?

任何文明的源头往往都是传说。如同希腊神话、圣经故事和非洲及美洲的口传历史一样,中国文化同样有一种乐为一些具有重要文化意义的物品或行为赋予"发明者"的传统。

弓箭的发明者是谁?《史记》中记载的五帝、《易经》中记载的伏羲、《山海经》和《淮南子》中记载的羿都有可能。塞尔比怀疑一切,认为有些记载纯属神话故事,有些虽然披着历史的外衣,但是仍然不足为信。他指出,西方研究中国历史的著作中有许多研究者列出详细的时间表来驳斥五帝的存在,甚至对于夏、商朝代的大致时间都不抱太大希望。在塞尔比看来,那些遥远年代数据的准确性不必介怀,关键是要重视遥远的记载所留下的关于中国古代思想、信仰、习俗和宗教的蛛丝马迹。

在《射书十四卷》卷二末尾,塞尔比指出,强大的射手代表着一个不受束缚的、略带危险气息的英雄形象,他拥有强大的力量,若不加以严格约束,将会带来危险。由此,塞尔比看到,射艺文化从一开始就与增强人的自律能力和自控力紧密相连。而可能令人感到诧异的是,塞尔比从中进一步参透到射艺文化的形成原来是"儒家学者设下的思维陷阱,儒家哲学想传达给我们的信息是:只有那些不遵守道德约束的英雄才会置身危险之中"[①]。

塞尔比预设的前提是射箭是一种危险的行为,射艺既有巫术(white magic)的成分,也有妖术(black magic)的成分。为了证明这一点,塞尔比使出了他的看家本领,即利用汉语言文学专业的素养,分别从文化学和字源学

---

① 谢肃方:《中华射艺史话》,第26页。

两个方面进行探讨。从文化学来看,他指出"羿"在史前时代很可能是用来指称一群有组织的巫师,而在中国后来的宫廷里指的是一类射官。从文字书写来看,尽管他对与"射"和"羿"相关的若干汉字逐一作了说文解字式的缕析,但是,到头来他不得不承认使用汉字的内在图形结构去表现神话传说原来是无效的[①]。

其实,按照塞尔比的逻辑不难发现,既然弓箭被赋予巫和妖两种特质,而且射手的形象是"阴暗"和"英勇"两个极端趋向平衡的产物,那么必然要有某种方法来对射箭行为加以制衡。中国古人的制衡方法就是射礼。射礼如同其他中国武术的礼仪或武德一样,是制衡危险行为的法器。武术既可以用来行侠仗义、除暴安良,也可以用来烧杀抢掠、欺压百姓,而武术礼仪或武德便是规约武人行为的第一道防线。当然,现实中还有法律防线。未曾习武先学礼,这是君子之防。

(三)射礼的精神向度

礼的形成都有一个漫长的过程。正如一切历史都是当代史一样,射礼也是类似的传统。塞尔比发现,看待周代的射礼,有两点是务必要理解的:一是射礼都是后人重构的,二是这些射礼已经依据后人的标准而被一遍遍地理想化了。他还发现,汉朝的皇帝热衷于重建周代君王创造的古礼,其主要意图是让他们的政权在上苍和黎民眼里拥有合法性。他说,礼在一定程度上是贵族共同遵守的宗教规则,像一根丝线把生活在荒野边缘的中国人绑在一起[②]。根据传统,礼在周代仅仅是贵族间的行为,对于农民而言,他们只知道在封闭的村落里日复一日作息,间或参加一些简单的年度庆典。礼、乐、射、御、书、数"六艺"却是中国读书人的基本功。其礼构成了中国人社会行为的一大系统,是中国文化中最独特的属性。

塞尔比认为,射礼被描述得极其复杂,但事实上其复杂程度可能并没有超

[①] 谢肃方:《中华射艺史话》,第40页。
[②] 同上书,第52页。

第八章　斯蒂芬·塞尔比的中国武术研究

过美国西点军校的阅兵式①或者英国贵族的板球运动②。他认为，是儒家把射艺涂上了如此理想化的色彩，因为孔子本人就是一位优秀的射手和射艺教师。塞尔比对孔子的分析是这样的：

> 孔子在那个时代所扮演的角色相当于智囊。他向一个又一个诸侯建言献策，力图让他们放弃尚武的理念，防止争霸成为主流。他在寻求一种可以替代"弱肉强食"的政治哲学，一种建立在尊学重道、和平共处之上的等级观念，在这种划分明晰的等级制度下，在家庭层面、人民和国家之间、国家和上天之间都存在上下级的顺服关系。孔子一次又一次地希望统治者能给他实权，甚至赐予他一块领地让他实践自己的政治理论。但他从未成功过。
>
> 孔子并非革命者。他试图在他的"乌托邦"内建立起一个以现存社会结构与宗教信仰为蓝本的政治制度，同时也反对奢侈浪费之风，以及残忍的人殉制度。诚然，孔子的理念顺应了传统的祖先崇拜和父权信仰。③

塞尔比的疑惑是：弓箭是用于战争和狩猎的工具，其本质是充满竞争意味的，孔子却赋予它和平主义的哲学内涵，他是如何做到的？塞尔比通过研读《论语》《礼记》等，发现射艺明显不是为了竞技，而是一种表示效忠的仪式，其作用在于管束和训诫。塞尔比指出，中国传统文化认为刑律不足以维持社会秩序（即使中国一直拥有完善的法律体系），唯有在深刻认识礼制内涵的基础上发扬自律精神方能保证社会和谐。他承认在他本人以及其他西方人眼中，当时的"中国社会就是一个重权威而不重法制的社会"④。

在中国古代的贵族教育中，礼乐起到了社会教化的作用。射礼作为社会教化的载体之一，将思想教化、乐感表达和身体运动融合为一的目的是让人的行

---

① 西点军校的阅兵式是美国最负盛名的阅兵式。详见阎滨：《西方国家如何阅兵》，载《书摘》，2015年第6期，第41～43页。
② 谢肃方：《中华射艺史话》，第56页。
③ 同上书，第70页。
④ 同上书，第76页。

为愈加合乎规范，让不可捉摸的品质变得触手可及。礼仪的参与者潜移默化地践行了古典的神秘主义、表示臣服的诸侯礼制和儒家的治国之道。塞尔比看得出，这是儒家实践"万物皆应有适当秩序"的有效方式。当然，对此他也并不奇怪，他认为这就像现代生活中每年庆祝圣诞节的人，意识里已经夹杂着异教徒、罗马人和基督教的符号了①。

基于射礼的分析，塞尔比得出，射中箭靶并不是"善射"的唯一标准，真正的"善射"除了射箭技巧，更重要的是射艺的精神向度，"即应把基本的射艺升华为对礼仪规范和忠孝品德的虔诚信仰"②。

（四）射礼的终结和射艺的包装

通过对射箭史的研究，塞尔比发现，战国时期之前的早期中国战争是贵族间乘着战车彬彬有礼的较量。用他自己的话说早期的中国战争是"一门高度仪式化的艺术"③，其中充斥各种有关射箭的忌讳。但是，自周王朝分崩离析，诸侯对臣属的影响日趋衰微，士大夫之间的血缘和礼制纽带日渐薄弱。为了给敌方严阵以待的士兵造成威慑，贵族需要在没有受过教育的普通士兵中挑选出一些射箭高手，让他们乘战车射箭，于是射箭技术便从贵族专有流向普通大众。虽然，射艺从贵族的垄断中脱离出来，射艺的实践中不再展示弓箭的魔力，但是，高超的射艺仍使人产生迷信般的敬畏感。

塞尔比从《左传》《吕氏春秋》《史记》等文献中还发现，通过练习射箭，人的思维可以被磨炼至一种新的境界，即可以靠着意念的力量以获取平日里无法得到的能力，这也是射箭会与气功联系在一起的原因，因为气功是一种可以让人将肉体和精神上所有的能量（气）导向某一特定目标的练习法门。

在塞尔比看来，现在的人们仍然认为借由控制"气"而产生某种近乎超自然的能力。今天流行于中西方的气功教学就是这样，虽然这种对气功的认识可能是一种误解，但是这种误解却被商业包装得金光闪闪。而且，就在中国武术

---

① 谢肃方：《中华射艺史话》，第110页。
② 同上书，第141页。
③ 同上书，第145页。

经典中，"神力的权威介入武术训练是一种传统"①。

（五）技术的背后

射箭训练的终极目标是使射手获得绝对的自信心，但是这种信心不止于射艺。塞尔比收集并研究了大量的中国射箭技术，他最为得意的是解开了中国典籍中提到的"五射"之谜。《周礼》中有一段文字描写宫廷命官"保氏"的职责：

> 保氏掌谏王恶，而养国子以道。乃教之六艺：一曰五礼，二曰六乐，三曰五射，四曰五驭，五曰六书，六曰九数。

始于《周礼》的五射之谜，中国历代学者，如东汉学者郑众、唐代学者贾公彦等都曾尝试进行注解，终没能够给出较为满意的答案。当塞尔比综合考察各文献，并将其他射远兵器合并进行比对时，他发现似乎一些汉代射远兵器的术语无意中羼入了《周礼》的注解："对于儒家学者来说这种解释可能毫无意义，但对我们来说就实在太有趣了！"②

从射艺来透视中华民族的大融合过程也不失为一种有效途径。在汉族和边疆游牧民族交融的过程中，汉文化并不是强大到能够同化一切异文化。塞尔比指出，中国的边疆民族并非一群粗野没文化的游牧民，他们与汉族人杂居数个世纪，已经学会了在保持自我认同的同时吸收汉族人的品质及其文化③。塞尔比在分析中国历史上首次由少数民族建立的大一统王朝的元朝灭亡时，他发现了军事目标的重要性：

> 一旦失去了军事目标，在这个已异化的环境中游牧民族原先最重要的生存需求已经变得无关紧要，蒙古的军事贵族们逐渐陷入内斗当中。与此同时，汉人的军事集团和武装宗教团体也开始崛起。最终，汉人得以组织起来，令蒙古人松开了攥住权力的手。④

对射箭技法上的探讨除了时间上的互相印证，塞尔比还从空间上进行了

---

① 谢肃方：《中华射艺史话》，第150页。
② 同上书，第202页。
③ 同上书，第222页。
④ 同上书，第238页。

想象性比对,比如将早期波斯和土耳其的射艺文献和中国《射经》中的阐述进行对比,将中华射艺传统与印度经典中的射艺文献,尤其是《特努尔吠陀》(Dhanurveda)进行对比。遗憾的是塞尔比只是提出展望和建议,并没有作出更多实质性的探究。

明清时期,伴随着中国武术的系统性大发展,射艺也迎来了转型。作为一名"善射者",需要在射箭技法、身体修炼和精神修炼三个方面都有卓越表现。这个时期,还形成了不同的射艺流派。塞尔比认为,到了清代,除了少数乡野猎人用弓箭打猎,武举考试已经成为射艺还在中国存在的主要理由,尽管还有一些人相信经常射箭有益健康,可以作为健身和休闲运动。这些子虚乌有的的理由让这门技艺最终走向没落[①]。

似乎武举制的废除之日就是中国射艺的结束之时,事实上并非这样。1911年辛亥革命后,由政府资助的成都国术馆成立了"射德会"。1940年,律师、武术研究者唐豪在上海国术协进会的赞助下整理研究射书。1957年,北京弓箭铺聚元号改成公私合营,继续制作传统弓箭。"文革"期间受到了致命影响。但是,进入21世纪,中国政府加快了中华民族伟大复兴的进程,传统射艺的复兴迎来了机遇。

第三节 小　结

身兼政府要职,对于中国武术文化有深刻见解并因此在海外学术界享有盛誉的,在美国有斯坦利·亨宁(本书第三章已经详述),在玻利维亚有费尔南多·瓦纳库尼·马马尼(该国外交部原部长),在英国有斯蒂芬·塞尔比。

有趣的是,塞尔比本人并没有传统意义上的学术生涯。塞尔比获得了爱丁堡大学的中文硕士学位之后,在中国香港生活和工作了几十年,他职业生涯的大部分时间似乎都集中在知识产权管理类的工作上。中国射艺的学术研究对他来说算是业余兴趣。但是,塞尔比是个难得的天才,一个顽强的研究者,一个

---

① 谢肃方:《中华射艺史话》,第310页。

第八章　斯蒂芬·塞尔比的中国武术研究

真正的中国古代射学专家。目前，我们看到英语世界的人们对中国射艺这一主题的兴趣正在复苏，中国本土射艺的理论研究和传统复原兴正在兴起，这些都得益于他的研究。塞尔比对中文的掌握，以及他克服语际翻译和语内翻译的挑战，将古代文本翻译并呈现给现代读者的能力，非常出色。他可以把枯燥的、带有技术性的原始材料变得生动起来。要学会处理其中一些文本所需要的高技术性词汇是非常困难的。即使在武术研究中，这也是一个专门的领域，需要花费大量的个人学习时间。也许正是因为塞尔比多年从政的经历，他站在传统学术之外的立场写作，这本书才有可能获得如此大的成功。塞尔比的书目前已经印刷多次，印证了该书在英语世界的影响力。

射艺，一半是文，一半是武。就"文"而言，它是贯穿着中国历史的经典文化符号，屡屡出现在各种哲学、文学、宗教、民俗的文本之中；就"武"而言，它是十八般武艺之首，屡屡在战争中大显威力。再者，在博大精深、流派纷呈的中国武艺中，也唯有"射"有资格独立于其他武艺而称为"学"，因为它"从先秦开始就拥有完整的形上（德行修身）和形下（器物技法）的知识系统"①。

反思塞尔比的中国射艺研究及其所带来的影响，笔者还发现，讲好中国武术故事，我们非常需要借船出海，即需要像塞尔比这样的学者，利用翻译把中国地方性知识变成世界性知识。

---

① 出自陈雨石的《中华射艺史话》译后记。

英美学者中国武术文化研究概论

第九章
卢克·怀特的中国武术研究

保罗·莱文森（Paul Levinson）在《思想无羁》中说，技术是人类与环境的中介，"通过技术，我们体现和延伸自己的思想，体现和延伸自己的思想，把自己的思想注入客观世界，把我们的理论扩散到宇宙遥远的角落"[1]。中国武术集体记忆中的样态，离不开现代影音技术的支撑。影视武学表达路径分为两类，一类被称为古装武侠剧，另一类被称为现代装动作片。真正刷新人们对武学想象的影片的拍摄，中国香港始于李小龙的《唐山大兄》（1971），中国内地始于李连杰的《少林寺》（1982）。这两部影片在20世纪的70年代至80年代分别在国内外掀起了一场武术热。之后，中国功夫片、武侠剧如雨后春笋般涌现，夯实了人们对中国武学的集体想象。暂且将叙事放在一旁，单纯考察影视中所表达的武学，便不难发现影视中的武学想象主要表现为武侠片中的虚打和动作片中的实打。随着数码技术的发展，这种倾向日趋明显。从技术对中国武术集体记忆的影响来看，尽管现代中国人对中国武术有情结，但对于大多数中国人来说，他们的记忆并非来自自身的体验和体悟，多半是外部技术使然。外部技术也可以称为特殊的认知和感知，而根据唐纳德·坎贝尔（Donald T. Campbell）的"进化认识论"，一切类型的认知和感知，都可以用来替代

---

[1] ［美］保罗·莱文森：《思想无羁》，何道宽译，南京：南京大学出版社，2003年，第14页。

第九章 卢克·怀特的中国武术研究

对世界的触摸,都是用来间接闯进世界的手段①。英国人卢克·怀特(Luke White)通过视觉文化透视中国武术,他看到了什么呢?

第一节 卢克·怀特的学术背景和学术成就

卢克·怀特,英国人,本科毕业于肯特艺术与设计学院,随后在坎伯韦尔艺术学院和米德尔塞克斯大学攻读硕士和博士学位。自1999年以来一直在米德尔塞克斯大学工作,教授艺术理论和文化研究方面的课程。

据米德尔塞克斯大学官网介绍,怀特的主要研究兴趣包括当代和战后艺术、设计、电影和视觉文化;18世纪和早期现代艺术、文学、思想和文化;商品文化与消费文化;武术电影与武术视觉文化、中国香港电影;后殖民理论;大众理论;马克思主义思想、文化历史和资本主义理论。卢克目前主持的重点研究项目是"功夫片的政治社会史"。该项目的研究对象是20世纪60年代末和20世纪70年代初的中国香港武侠电影和功夫电影。其研究目的是挖掘这些大众电影或平民电影中可能蕴含的各种抵抗和反抗的形式。项目基于的研究假设是认为这些电影都是设置在反文化、反后殖民,以及全球消费循环的背景之下,对功夫片政治社会史的研究将开启对许多更广泛问题的探索,包括:流行文化可能具有的抵抗功能问题;文化(反)记忆和实践的形式;后殖民经验;暴力、非暴力和社会变革的问题。

在怀特的学术成果中,与中国武术研究相关的主要学术成果有:

《无战之战:功夫电影的西行之旅》(Fighting Without Fighting: Kung Fu Cinema's Journey to the West. London: Reaktion Books, 2022.)

《醉拳的遗产:香港功夫喜剧电影中的身体政治》(Legacies of the Drunken Master: Politics of the Body in Hong Kong Kung Fu Comedy Films. Honolulu: University of Hawaii Press, 2020.)

《残疾战士:亚洲的男性气概和武术媒体研究》("Crippled Warriors:

---

① Donald T. Campbell, "Evolutionary Epistemology," in The Philosophy of Karl Popper, ed. Paul A. Schilpp (Illinois: Open Court, 1974).

Masculinities and Martial Arts Media in Asia". *Media in Asia*. London and New York: Routledge, 2022, pp. 239~252.)

《醉拳大师的狂欢：功夫喜剧体的政治元素》("Carnival of the drunken master: the politics of the Kung Fu comedic body". In *The Martial Arts Studies Reader*. Paul Bowman, ed. London: Rowman and Littlefield, 2018, pp. 199~212.)

第二节 《无战之战：功夫电影的西行之旅》：功夫的政治运作

一、功夫非琐事

《无战之战：功夫电影的西行之旅》(以下简称"《无战之战》") 是卢克·怀特于2022年出版的新作，该书除去导言和结论之外，主体部分包括七章内容：第一章《香港功夫片》、第二章《功夫片与美国的关联》、第三章《解密功夫热》、第四章《功夫片对黑人的影响》、第五章《功夫片对白人的影响》、第六章《女子打星》、第七章《功夫热的再兴》。从各章节的题目可以看得出，该书研究内容的关键词为：功夫片、种族、性别、竞争。

怀特对好莱坞功夫片的学术研究为中国武术研究提供了从电影历史学到社会学的多个研究切入点，是英国学者洞察中国社会的另一个窗口。在怀特看来，功夫热更多是归功于反主流文化的抗争（countercultural revolt），而不是东方颂歌（oriental caroling）。

美国少林功夫研究专家，也是《李小龙传》的作者马修·波利（Matthew Polly）认为，李小龙是20世纪60年代一种东方幻想的副产品——那种沉重的信念，认为一切东方事物天生优越。关于李小龙的研究，保罗·鲍曼也作过深入的理论化探讨，本书第七章已经作了分析。可见，功夫热在英国的影响同样不可小觑。

在《无战之战》中，怀特全面而深入地审视了功夫热及其对全球流行文化的持久影响。该书以历史为基础，以理论为依据，追溯了功夫电影在西方的历

第九章 卢克·怀特的中国武术研究

史广度和复杂性,也将其与全球遭遇、身份建构和银幕暴力等更广泛的问题联系起来。一场全面而振奋人心的文化历史之旅,展示了亚洲武术如何渗透到所有领域,从专用黑人演员拍摄的电影(Blaxploitation)和汉纳-巴贝拉卡通(Hanna-Barbera Cartoons)到迪斯科音乐和漫威漫画书,从西方银幕上的拳王到功夫大片中的武侠,怀特在这部引人入胜且富有洞察力的研究中追溯了中国武侠电影在西方的遗产。

在《无战而战》中,怀特探索了20世纪70年代功夫热的起源和东方男女英雄的身体在创新的电影摄影中被戏剧化的方式。描述了功夫片对女权主义、美国黑人文化、音乐、电子游戏和男子气概的影响,展示了开放的"东方"是如何修正和丰富20世纪中期的情感世界,以及重新审视他们是如何启发当代关于非殖民化的辩论。他追溯了当代世界电影和推理小说的影响和回声,在那里,魔法、神秘与种族、性别和权力的政治相遇。这是一种专业而雄心勃勃的叙事,从20世纪70年代功夫片在中国香港和好莱坞出现开始,向外拓展,涵盖了广泛的社会文化史、地理学和意识形态领域。在这个宏大的时空中,李小龙一直存在,并拥有最后的发言权。

作为功夫迷和学者,怀特的立场很独特。在《无战之战》中,他讲述了武术电影在流行文化中的迷人故事,包括对邵氏兄弟和嘉禾电影充满爱和智慧的致敬,如《拳王》《旋风夫人》和《龙争虎斗》。从美国电影和电视系列,如《比利杰克》《功夫》和《黑带琼斯》,到当代武术作品,如《吸血鬼猎人巴菲》《卧虎藏龙》和《夜魔侠》。怀特还就武术媒体在协商复杂问题方面的重要性提出了挑衅性的见解和微妙的论点,包括国家问题、种族和性别身份问题,关于媒介化和现实暴力问题,以及武术媒体和实践作为道德转变和自我实现手段的前景和潜在危险。

自20世纪70年代李小龙功夫片在好莱坞火热上映受到热捧,之后的影响扑面而来,超过了银屏本身,进入美国的各个角落。这不仅仅是关于影视的问题,而是更为广阔的文化现象。身为影视方面的专家,意识到需要跳出电影史去看待这个问题,怀特选择从视觉文化和体育文化进行探索,而且将视线扩到欧美和澳大利亚。

英美学者中国武术文化研究概论

数十年之后李小龙的遗产仍然不断被各类人所用,说明李小龙的遗产价值连城。全球的社会、政治、文化交织,涉及人们如何共存、种族和性别身份、自由和平的期望、去殖民化的历史和政治斗争,甚至我们如何体验身体和自我的存在。

李小龙的电影传承着民族身份、民族力量和民族希望。他唤醒了中国人的民族意志,让他们不忘尚武精神。强化自己的身体是他们翻身做主人的第一步。

怀特联想到中国过去的政治集团曾经对武侠的处理方式。由于武侠多具有反叛精神,统治阶层往往不愿看到武侠大行其道,比如《水浒传》自14世纪成书以来就屡次被列为禁书。国民党对武侠也是多有忌惮①,1931年政府下令禁止播放武侠片,给第一波中国武侠电影的大发展按下暂停键,令人遗憾的是当时拍摄的数百部武侠片,仅有一部《红侠》(1929)被完整保存下来,其余的要么是在审查中被毁,要么在之后的战争中被毁。在西化的亚洲城市中国香港,城市文学中弥漫着女性主义、人权意识、叛逆青年反文化思想,武侠文学对此有的是包容。怀特认为,功夫片的成功,在很多方面是与政治挂钩的②。功夫似乎表达了电影史学家张建德所说的"抽象民族主义"(abstract nationalism),即一种对中国和"中国性"观念的依恋。年轻人的崛起推动了这种反主流文化趋势,质疑传统形式的权威和源于20世纪60年代动荡的反殖民主义情绪。尽管它以适应时代的新方式表达了这些,但它借鉴了武术电影和武术本身的更长的历史,武术本身是一种复杂的(甚至是矛盾的)象征,既体现了根植于传统中的民族自豪感,也体现了中国在全球现代性中定位自己的尝试。除此之外,它还借鉴了中国历史文学和民间表演传统。武术传统中充满了女侠,但在"阳刚"(staunch masculinity)的刻意安排下,越来越多的肌肉发达的男性英雄出现,他们可以与美国和日本电影中的同等人物竞争。这种以男女性别为中心的动作抒写模式;在政治与性别可能相互关联的议题方面,以他

---

① Kristine Harris, "The Romance of the Western Chamber and the Classical Subject in 1920s Shanghai," in *Cinema and Urban Culture in Shanghai, 1922-1943*, ed. Zhang Yinjin (California: Stanford, 1999).

② Luke White, *Fighting Without Fighting: Kung Fu Cinema's Journey to the West*, p. 71.

第九章 卢克·怀特的中国武术研究

们各自不同的方式，呈现不同的现代蕴意，可以被视为对整个现代经常投射到中国人身上的女性化、东方叙事的反驳。

二、功夫的在地化转换

中国的功夫片在中国国内市场上有独特的本土民族意义，这看似与它们在美国、欧洲和大洋洲的票房无关，但是功夫片在这些地区不仅获得了经济效益，还获得了社会效应。想去理解全球范围内的功夫热潮，需要了解这些国家和地区的关注点是如何被转化的。

怀特的分析从日、韩武技西行入手。亚洲武术进入欧美人视野，中国并不是领头羊。日、韩武术进入欧美要早于中国武术，其掀起的武术热不逊于中国功夫对欧美人的影响，可是中国学者在他们的研究中只是偶尔提及，很少深入剖析。怀特认为，首先打开西方人想象空间的是日本武技，不是中国武术[①]。早在19世纪末，日本作为一个不断壮大的国度，对西方国家的影响越来越大。1853年，美国海军准将马修·佩里（Matthew Perry）率领一支舰队抵达日本，目的是强行开放日本港口进行贸易。此后，日本摆脱了几个世纪的锁国状态。特别是在1868年明治维新开始之后，日本进行了快速的现代化、工业化和军事改革，旨在与威胁其自治的欧美大国竞争。随着信心的增强，日本在20世纪初开始展示自己的帝国野心。1894年至1895年，日本侵略中国，获得巨额赔款和中国台湾等战略要地。1904年至1905年，日本和俄罗斯为了侵占朝鲜半岛和中国东北，发动战争，这场战争以俄罗斯战败而告终。正如潘卡吉·米什拉所说，这是"自中世纪以来第一次非欧洲国家在重大战争中击败欧洲强国"。正如文化历史学家加里·克鲁格在一篇关于空手道在西方发展的文章中所指出的那样，"这种武技已经能够作为人们想象中的亚洲的全部象征。"他们被幻想为"秘密的、高度先进的、致命的、拥有几乎无懈可击的身体伤害能力。"这些与人们对亚洲总体上的神秘、不可思议和暴力的看法是一致的[②]。

---

① Luke White, *Fighting Without Fighting: Kung Fu Cinema's Journey to the West* (London: Reaktion Books, 2022), p. 75.

② Gary J. Krug, "The feet of the master: Three stages in the appropriation of Okinawan Karate into Anglo-American culture," *Cultural Studies: Critical Methodologies* 1 (2001): 395~410.

而从同时空的历史来看,那时西方人们对于中国武术的想象在于义和团运动中的拳民。

中国武术西进始于20世纪60年代,英、美两国的先驱人物分别是:英国的格尔达·格迪斯和美国的索菲亚·德尔扎①她们都是当代舞蹈的先驱,她们都是从中国旅行中带回了太极拳,并开始在西方教授太极拳。20世纪60年代中期,另一位著名的太极拳教师郑曼青(Cheng Man-ching)从中国台湾搬到纽约,在美国文化版图上留下了一些印记。他的学校很快就充满了"胡子、长发、邋遢的嬉皮士"(郑先生的一个学生后来这样描述自己和他的同学),学生们把郑先生视为精神导师。20世纪60年代末,在旧金山,一群类似嬉皮士的客户也被吸引到中国香港出生的太极拳老师蔡锦文那里学习,蔡锦文甚至在"感恩而死"(Grateful Dead)②的演唱会上表演了他的太极拳。与此同时,不同流派的唐人街武术老师开始招收外国学生。值得一提的是,李小龙于1964年在奥克兰创办了一所武术学校,并在埃德·帕克的长滩国际空手道锦标赛(Long Beach International Karate Championships)上推广功夫,展示了他的寸拳和两指俯卧撑。1971年,他在《黑带》杂志上撰文挑战美国武术家,让他们从"古典空手道"中"解放"出来③。

李小龙功夫在20世纪60年代美国的影响主要局限在武术爱好者范围内,而不在整个文化圈之内。然而,李小龙意识到需要提高人们对功夫的普遍认识。1966年,李小龙在电视剧《青蜂侠》中饰演加藤(Kato),中国功夫第一次在美国电视上呈现。他充满异国情调的高踢腿表演成了该节目营销活动的一个亮点,李小龙也因此成了"明星的师傅"。李小龙的徒弟中有不少好莱坞知名且具有影响力的人物,他们跟随李小龙学习武术,反过来也帮助李小龙实现其通过影片传播中国功夫的强烈愿望。李小龙的徒弟有詹姆斯·科本(James Coburn)、布莱克·爱德华兹(Blake Edwards)和罗曼·波兰斯基

---

① 关于美国太极拳传播的先驱索菲亚·德尔扎,本书的第二章已经作了专题论述,而在英国,真正意义上的太极拳传播第一人格尔达·格迪斯在本书中并没有专题论述,原因是格尔达·格迪斯是挪威人,非英国学者。

② "感恩而死"乐队是1965年在美国加利福尼亚州建立的史诗般的摇滚乐队。

③ Bruce Lee, "Liberate yourself from classical karate," *Black Belt*, September (1971): 25~27.

第九章　卢克·怀特的中国武术研究

（Roman Polanski），他还与史蒂夫·麦奎因（Steve McQueen）和有影响力的编剧兼制片人斯特林·西利芬特（Stirling Silliphant）建立了亲密的友谊。尽管那个时代美国人对待华人存在制度性的种族歧视，但是在这些学生的帮助下，李小龙还担任了搞笑间谍电影《破坏队》（The Wrecking Crew，1968）的打斗协调员，并在影片中扮演了几个不同的小角色。他在电视剧《艾恩赛德》（Ironside）中扮演空手道教练，在雷蒙德·钱德勒（Raymond Chandler）的新黑色电影《马洛》（Marlowe，1969）中扮演反派，并在1971年的同名电视剧中反复扮演盲人侦探朗斯崔特的精神导师和武术教练。李小龙充分利用所得到的大量的机会，在荧屏上向更大的观众群体展示他的武术哲学。1973年春，功夫电影在美国的社会文化和工业环境中爆发。然而，怀特①认为，为这些电影的成功奠定基础的是3个特殊的文化事件背景。第一个是汤姆·劳克林的电影《比利·杰克》（Billy Jack）的意外成功。第二个是大卫·卡拉丁（David Carradine）主演的电视连续剧《功夫》（Kung Fu）的出现。这两者都将武术的理念牢牢地刻在反主流文化的意象和价值观中。第三个是1972年尼克松访华，这标志着中美关系的一个新的开始。

三、功夫对黑人的救赎

对待任何事物，永远不要渴求一个声音。例如，面对功夫片在北美的"硬登录"，总有些人看不惯。在怀特看来，这些冲击对某些人来说无异于引起"道德恐慌"（moral panic）。在分析行业媒体对功夫的接受程度时，大卫·德塞尔（David Desser）写道，他们"没有能力，似乎真的不愿意看到中国香港电影的吸引力"②。美国《视相》（Variety）杂志在功夫片登录北美的的最初几周就把这些电影批评为"轻率的"进口，仿佛它们的出现是美国电影工业或社会本身的祸害。《纽约时报》评论家文森特·坎比（Vincent Canby）抱怨说，这样的电影血腥场面太多，缺乏戏剧性的"连贯性"，并尖刻地总结道："功夫片

---

① White, Fighting Without Fighting: Kung Fu Cinema's Journey to the West, p. 93.
② David Desser, "The Kung Fu Craze: Hong Kong Cinema's First American Reception," in The Cinema of Hong Kong: History, Arts, Identity, ed. Poshek Fu and David Desser (Cambridge: Cambridge University Press, 2000), p. 23.

之于电影院,就像轮滑比赛之于剧院。"1947年,霍华德·汤普森(Howard Thompson)在评论《龙争虎斗》时,抱怨说"这是来自中国的粗制滥造的碎骨片"①。怀特作了这样的总结:文化垃圾也好,道德恐慌也罢,功夫电影与东亚武术的奇观,在当时仍然是一种矛盾的文化现象——它一方面产生了狂热的激情或模仿的欲望,另一方面产生了道德恐慌的能力——似乎是由于它提供了一种美学形式,与20世纪70年代早期生活、身份和社会核心的一系列矛盾或紧张产生共鸣。换言之,功夫片已经超越了电影的范畴:它还是对社会暴力焦虑的一种速记、一种亚文化魅力、一种蓬勃发展的体育锻炼趋势、一种与现代主义理性相对立的大众精神修行之路,以及东方更普遍的新形象,等等②。

但凡涉及美国社会的研究,都离不开种族的话题,说明美国的种族问题很严重。关于功夫热对美国黑人的影响,怀特在书中对非裔美国作家查尔斯·约翰逊(Charles Johnson)1983年完成的短篇小说《中国》(*China*)进行了扩展分析。这个故事帮助我们进一步理解功夫与"60年代的政治抵抗""七八十年代的消费与享乐"之间的关系,以及"集体激进主义如何转化为私有化政治"。在约翰逊的小说中,鲁道夫是一名中年黑人邮政工人,他在看到一部功夫片后开始重新塑造自己,并决定接受武术训练。尽管鲁道夫的妻子伊芙琳对他痴迷武术感到沮丧,经常责备他说"你不可能是中国人"。言下之意就是无论怎么练,都不可能像中国人那样掌握功夫的精髓。但是对于鲁道夫来说,功夫是"自我拯救计划"的理想手段,借此才能恢复他的健康、他在世界上的主力军感和他的男子气概③。

在许多方面,非裔美国人的男子气概往往比白人男子气概更加脆弱和易受威胁,因为他们经历了系统性的排斥,无法像白人一样拥有理想的手段。对于那些被排除在经济成功或职业地位之外的人,功夫在暴力行为中表现身体力量,作为一种证明自己在世界上的力量和男子气概的手段,变得更加有吸引力。

---

① Howard Thompson, "Enter Dragon, Hollywood Style," *New York Times*, August 18, 1973, p. 26.
② White, *Fighting Without Fighting: Kung Fu Cinema's Journey to the West*, p. 125.
③ 同上书,第150页。

第九章　卢克·怀特的中国武术研究

在怀特看来，对于20世纪早期中国武术改革者来说，在西方和日本帝国主义的背景下，功夫是一种重新塑造国家集体形象的手段，通过公民个体的身体，使其适应并有能力战斗。武术训练的健康益处和纪律要求对自我有再生作用，电影叙事的力量为新的幻想身份提供了机会。

可以说，在李小龙的电影里，但凡有反派胆敢欺压、侮辱中国人，都会受到中国功夫的制裁。通过好莱坞的发酵，功夫电影中蕴含的民族主义价值观、面对歧视和压迫不屈不挠的抗争精神，悄然输送给了美国另一个少数族裔群体——美国黑人，成了指导他们斗争的精神武器和行动力量。

20世纪60年代正是美国黑人民权运动最兴盛的阶段。1968年，马丁·路德·金在田纳西遇刺身亡，矛盾进一步激化。同为少数族裔，李小龙横空出世，让美国黑人在白人主导的娱乐产业中看到了不一样的东西。随电影一起进入黑人视野的还有中国历史，从鸦片战争到解放战争，无论是白人对亚裔的压迫，还是后来中国在逆境中的崛起，都让黑人有清晰的情感投射。当时部分黑人民权领袖本身就与中国交好，"黑豹党"①更是旗帜鲜明地推崇"毛选"，并且有大批成员学习中国武术。于是，美国的黑人社群，都在痛殴白人的中国功夫电影中，出了口恶气。

这种投射在后来黑人艺术创作中得到延续。影响一代人的说唱组合武当派（Wu-Tang clan），其命名灵感源于刘家辉、郑少秋主演的功夫电影《少林与武当》（Shaolin and Wu Tang）。他们的首张专辑名为《三十六房》（36 Chambers），暗指少林功夫中人体的36个死穴，也指代中国香港电影《少林三十六房》，专辑里有大量中国香港电影采样。制作人RZA（本名罗伯特·菲茨杰拉德·迪格斯）接受采访，在聊到功夫和黑人文化之间的联系时，说："看到另一群人经历同样的斗争、同样的压迫，这让我产生了共鸣。"

---

① 黑豹党（Black Panther Party）是一个美国黑人社团，1966年10月由休伊·牛顿（Huey Newton）和鲍比·西尔（Bobby Seale）在加利福尼亚的奥克兰创建。最初自称为"黑豹自卫党"（Black Panther Party for Self Defense），1968年底改称黑豹党。黑豹党反对美国政府，认为改变世界必须透过对民众的长期组织和动员，他们试着从大众组织和社区节目规划来造就革命性的社会主义，在黑人社区提供穷人小孩免费早餐、给予社区民众政治教育，希望一点一滴地改变人民的想法，并赋予他们力量。由于党内分歧和美国政府的秘密渗透和全面压制，黑豹党于1982年正式解散。

英美学者中国武术文化研究概论

四、功夫对白人的影响

功夫片因共同的情感投射而吸引西方的黑人观众,那么对于占据社会主导地位的白人有何影响呢?毕竟,典型的功夫片在中国长期与西方帝国主义野心的冲突中表现出了强烈的文化民族主义,这可以追溯到19世纪的鸦片战争和20世纪初的义和团运动。其中,包括英国对中国香港地区的持续殖民统治。在这些电影的叙事中,西方人经常被描绘成坏人。电影历史学家张建德认为,尽管中国观众对李小龙的民族主义叙事反应热烈,但美国观众的反应则更多是"自恋"①。

怀特认为,受功夫电影的叙事影响最大的群体是青少年,尤其是青少年男性。功夫电影的反帝国主义故事情节可能会被年轻观众接受,代表着对父母和社会权威的拒绝、对独立的主张,以及对战后社会中"青少年"现象典型的局外人地位的拥抱。种族问题与其他身份(如阶级、性别和族谱)的表达方式并不是毫不相干的,因为这些不同方面彼此交织在一起。同样,白人青年通过功夫电影,甚至通过模仿武术明星学习武术来争取自己在世界上的地位,也与种族和民族观念的影响是分不开的。

1972年,白人演员大卫·卡拉丁在电视剧《功夫》(Kung Fu)中出演一位亚洲人和白人混血的少林武僧,用来自东方的神秘武功行走于美国大陆。这部剧在美国大火,一连拍了三季,后因主演受伤不得不停止拍摄。白人演员使用东方功夫的这种模式在20世纪90年代的美国武侠电影中也很普遍。这种模式掩盖了西方对武术的直接吸收。怀特认为,这才是一种良性的文化交流。通过电影表现,白人主人公被想象成亚洲武术传统的继承者。为了证明他们的合法性,他们与亚洲对手进行打斗,"善战胜恶"彰显出白人英雄的道德优势。怀特还认为,电影中的亚洲人"分化"为两种:一种是帮助男主角的明智、善良的人,另一种是反对男主角的邪恶仇外者。这些电影似乎从根本上支持了白人具有优越性的观点,以及他们作为领导者的所谓"天然"地位。他们坚持认为白人有"权利"可以随心所欲地拥有和体验其他文化。这取决于一种不对称

---

① 转引自 White, Fighting Without Fighting: Kung Fu Cinema's Journey to the West, p. 168.

第九章 卢克·怀特的中国武术研究

的"普遍性",白人的种族是无形的,允许他们以其他种族无法接受的方式接受其他文化,并通过这种方式来铆定他们自己的身份。对于白人来说,学习武术是一种心态的延伸,这种心态将其他文化转化为可以在特权地位上掌握的外来财产。

怀特之见和申米娜(Mina Shin)的观点相似,代表西方学者普遍的观点。南加利福尼亚大学的申米娜也曾就文化全球化背景下亚洲武术对好莱坞的"入侵"展开过讨论。申米娜认为,武术是中国香港和好莱坞电影产业不约而同动用的重要工具。一方面,武术是中国香港影星进入好莱坞、走向世界的利器。申米娜以李小龙和成龙为例,论证好莱坞亚洲武术的呈现是美国东方主义和亚洲精英意图获得全球关注和成功的愿望之间不断协商的结果。另一方面,意识到武术的全球化商品价值和娱乐价值,好莱坞培养自己的武打明星,即由美国英雄上演亚洲功夫。申米娜把西方人练的东方武术称为西化武术(martial arts Western)。申米娜认为,西方人把东方武术中的宗教精神和西方神话中蕴含的宗教精神结合起来而修炼的西化武术,恰好在不经意中复苏了美国人的意识形态,在一定意义上归化了白人英雄控制其他文化的优越性①。

怀特认为,模仿他人是我们了解、理解甚至控制他人的方式,它源于一种抓住我们的"强迫力",不仅包括"像他们一样行事"的欲望,甚至包括"成为"他们的欲望②。这是一种非常不稳定的经历,其目的就是"接触他,掂量他"(slipping into Otherness, trying it on for size)③。在怀特看来,学习武术就是一个模仿过程,不仅模仿虎、鹤、猿、蛇、鹰等动物,甚至还会模仿龙等神物。功夫片通过视觉将运动的快感传达给我们的身体,并将这一功能延伸到电影院观影时的身心感受。

功夫片影响白人的另一个表现是引起白人对功夫的恐惧。例如,1974年4月16日,不顾纽约州律师协会和刑事司法纽约服务处的反对,纽约议员把

---

① Mina Shin, "Yellow Hollywood: Asian Martial Arts in US Global Cinema" (PhD diss., University of Southern California, 2008).

② White, *Fighting Without Fighting: Kung Fu Cinema's Journey to the West*, p. 179.

③ Michael Taussig, *Mimesis and Alterity: A Particular History of the Senses* (London: Routledge, 1993), p. xviii.

这条禁令写进了法律：禁止持有、买卖双节棍。加利福尼亚州和马萨诸塞州等也紧随其后。其中，在加利福尼亚州持有双节棍就是重罪，一般刑期在一年以上。当时之所以发布此项禁令是因为担心当地年轻人受李小龙功夫影片的影响而造成大范围的混乱。直到2018年12月，该项禁令才被撤回。在这几个地区，连枪支都是可以合法持有的。要知道每年美国发生的大规模枪击案都有好几百起，每年死于枪支暴力的人约4万人。连拜登都说"枪支暴力是美国的毒瘤，令美国在国际上蒙羞"。这说明美国立法者对双节棍所代表的中国武术影响的恐惧。

第三节 小 结

卢克·怀特深入分析中国功夫片进入西方的历史过程，从中挖掘出其潜在的身体政治和文化交融机制，分析了以盎格鲁—撒克逊文化对中国功夫文化的接受与抵制。

20世纪70年代初功夫热潮爆发的时期通常被视为经济和文化融合的重要时期，是全球化的标志之一。全球化是中国功夫西行的大背景。在全球化的背景下，中国在全球范围内的影响不断增强，这使得西方重新对中国产生了浓厚的兴趣。中国功夫片在种族政治、性别政治等方面产生了积极影响，但是对于西方来说毕竟是异文化。对异文化的提防暴露了西方文化不自信的一面，尤其是美国。今天的美国是世界文化输出强国，美国的体育、音乐、电影、服装几乎引领全球潮流。同时，美国也是一个文化极度自卑的国家，主要原因是它立国时间短、人员成分杂，没有自己的文化积淀。

带着具有偏见的意识形态看待文化事件绝非应有的处世之道。有时候过度解读、无中生有，令人啼笑皆非。例如，美国影评人将《卧虎藏龙》的成功视为好莱坞市场新世界主义（new cosmopolitanism）的证据，而《英雄》这部电影却受到了一系列对其政治思想的解读。正常的体育事件，如2008年北京奥运会开幕式上的武术表演被解读为："数百名完美协调的武术表演者步调一致，形成了个人与国家权力之间关系的大众媒体形象。这一壮观的形象通过'功

第九章 卢克·怀特的中国武术研究

夫'的形象宣称了一种必不可少的强大的'中国性'。"① 同样,中国的功夫外交、中国武术代表团的国外巡演、中国武术在大银幕上的美丽和高科技的展示,都可以被解释为对自己全球实力和竞争能力的展现。

事实上,功夫热潮的持久影响所留下的全球媒体格局产生了一系列令人眼花缭乱的现象。在家庭娱乐和教育方面,中国武术出现在《成龙历险记》和《功夫熊猫》(创造了数十亿美元的票房)等动画(电影)中,还有漫威和DC漫画的超级英雄系列电影(迄今为止票房最高的电影系列之一)的动作场景,如果没有武术是不可想象的②。

怀特承认,中国香港武侠电影一直是全球化带来的文化变革中的一股力量。西方人对武术兴趣的提高,表明了民众对主流建制价值观和保守主义的狭隘性的反对。作为非西方的电影,功夫电影也与20世纪亚洲和非洲的非殖民化运动有关,并被亚洲人、美国黑人和欧洲人当作一种手段来想象他们自己反对国内长期的种族主义和被边缘化倾向。同时,怀特还承认,在西方,功夫仍然可以作为一种东方化的刻板印象,通过它可以划分"我们"和"他们"之间的界限,以一种属于其他地方和遥远地方的"暴力"来代表亚洲人③。毫无疑问,这仍然是西方人根深蒂固的偏见。

事实上,美国人真正见到中国功夫,始于移居美国的华人黑帮。清朝末年,由于淘金热,不少华人移居美国,当时北美的亚裔歧视非常严重,为了社群尊严和更好地生活,旅居他乡的华人只能抱团取暖,逐渐成立黑帮,如华清、四海、洪门等黑帮非常有名,而帮派间的"堂口之战",持续了近半个世纪。武术的号召力和武师的话语在解决帮派冲突中是不可或缺的。移民中本来就有不少人是拳师,他们开始纷纷开起拳馆,起初有不收外国人的规矩,后来因李小龙而被打破。

1966年,由郑佩佩主演的武侠功夫片《大醉侠》被选送参加奥斯卡最佳外语片评选。同年,李小龙主演的电视剧《青蜂侠》在ABC电视台播出,李小

---

① White, *Fighting Without Fighting: Kung Fu Cinema's Journey to the West*, p. 238.
② 同上书,第254页。
③ 同上书,第257页。

龙饰演的加藤是当年美国人眼中的黄种人刻板形象：沉默寡言，使用暴力，不动脑子。但是李小龙凌厉的打斗风格却让美国观众耳目一新。

1967年，李小龙把开在洛杉矶的国术馆正式更名为截拳道馆。同年，李小龙在长堤国际空手道大赛上碾压世界空手道冠军，狠狠地出了把风头。

1969年，想要请他做私人教练每小时需要花150美元，虽然价格昂贵，但是受到了好莱坞影星的青睐，李小龙的学生有好莱坞影星史蒂夫·麦奎因（Steven McQueen）、詹姆斯·柯本（James Coburn）等。

在1971年播出的美国电视剧《盲人追凶》（*Longstreet*）中，李小龙的客串角色就是一个截拳道高手。

1971年，李小龙回中国香港拍摄影片。从《唐山大兄》到《猛龙过江》，他一次又一次打破香港票房纪录。1972年，李小龙和华纳合作拍摄电影《龙争虎斗》，1972年末《精武门》在美国纽约上映。1973年《精武门》在全美上映，最终拿下数百万美元的票房和影片租赁收入。由李小龙刮起的这股中国功夫热，逐渐盖过日本的空手道、韩国的跆拳道。中国功夫中蕴含的哲思和独特价值，让北美观众非常好奇。

有人说，如今，中国功夫在北美流行文化中，实际上已经丧失了价值输出的能力，成了动作大片中的点缀（武术在北美电影中的价值输出和中国武术如何实际发展之间没有关联）。中国武术该怎么发展？怀特的答案是：中国武术文化遗产既要保留根植于当地的传统，还要跟上日新月异、令人眼花缭乱的国际形势。

第十章
英美学者中国武术研究的启示

他者视角是人们认识自我的重要方法。如何看待他者的观点又成了摆在逆向研究者面前的问题。总体而言,英美学者对中国武术的人文研究态度积极、评析客观。他们把中国武术看作中国学的重要研究内容之一,是西方看中国的重要窗口,他们所从事的研究正在丰富中国武术研究的外延和内涵。

英美学者继承和发展了社会学研究和文化研究的传统,对中国的社会现象和文化现象展开细致入微的研究,既从主观上,也从客观上为他们本国的社会、政治、经济、文化、军事、外交等提供文化参考。本书探讨以中国武术研究为学术阵地的英美两国学者,他们取道中国武术对中国社会和中国人展开研究。研究者凭借自身不同的学科背景,从不同视角研究中国武术。他们关注中国武术出于不同的社会文化动因,有的关乎中国政治、有的关乎中国社会、有的关乎中国历史,还有的关乎中西方哲学等,研究具有较强的跨学科性。研究者在地域分布上具有不均衡性。他们在研究中国武术的过程中又形成不同的中国武术观。从自我的角度回看他者的研究成果,可能看到的是"新鲜",也可能是"陈词滥调",还可能是"误解与曲解"。我们只有予以甄别,才能将之转化利用。本章从比较的视野出发,综合分析英美学者对中国武术研究乃至中国传统文化发展的启示意义。

第一节　对中国武术学科发展的启示

学科是指专门化的知识体系。不同国家和地区对学科的认识和划分具有一定的社会建构性。目前，我国在学科分类上设置了14个学科门类：哲学、经济学、法学、教育学、文学、历史学、理学、工学、农学、医学、军事学、管理学、艺术学、交叉学科。而国外更多是把学科作为知识分类的意义来使用，美国的学科目录分类（CIP）明确指出，其对应的是学习领域（fields of study）[①]。

张应强等认为，"由于人的认识能力有限，为了更深刻地把握和理解现实世界，人们往往把一个论题和其他论题分离开来，这种分离有时候是偶然的、主观的，甚至是武断的"[②]。威廉·奥斯特瓦尔德（Wilhelm Ostwald）也认为，科学的分类"不是依照所谓的事物的'本质'，而仅仅属于为了比较容易和比较成功地把握科学问题而做出的纯粹实际的安排"[③]。

弗兰西斯·培根（Francis Bacon）是近代科学思想的先驱，他依据理解力的3种官能——记忆、想象和理性将知识分为若干对应的板块。到了奥古斯特·孔德（Auguste Comte）那里，科学又被进一步分为数学、天文学、物理学、化学、生物学、社会学6种基础科学。然而，学科分类也可能导致学科壁垒的形成。"偏狭的学科分类，一方面框限着知识朝向专业化和日益相互分割的方向发展，另一方面也可能促使接受这些学科训练的人，日益以学科内部的严格训练为借口，树立不必要的界限，以谋求巩固学科的专业地位"[④]。事情发展的另一个转机是在20世纪初期。越来越多的现实问题需要科学研究活动打破原有的学科边界，寻求来自多学科、多领域科学家的合作。于是，学科发展开始朝向既高度综合又高度分化的趋势延伸，跨学科、综合学科、横断学科、

---

① 李立国、李登：《设置交叉学科：打破科学割据，作彻底联合的努力》，载《光明日报》，2021年2月27日，第11版。
② 张应强、郭卉：《论高等教育学的学科定位》，载《教育研究》，2010年第1期，第39～43页。
③ 李醒民：《论科学的分类》，载《武汉理工大学学报（社会科学版）》，2008年第2期，第149～157页。
④ [美]华勒斯坦（I. Wallerstein）等：《学科·知识·权力》，刘健芝译，北京：生活·读书·新知三联书店，1999年，第2页。

第十章 英美学者中国武术研究的启示

交叉学科等非常规学科应运而生并蓬勃发展。与此同时，国家或政府开始以领导、组织和资助等方式介入科学研究，使其日益发展成为一种社会建制，以服务于国家和社会为直接目的。前文提到的本尼迪克特的名著《菊与刀》就是"二战"后美国动用文化研究来确定统治日本社会而产生的成果。英美中国武术研究就是在这样的学科背景下产生的。

概言之，英美中国武术研究除了关于太极拳对健康的促进作用领域，就是中国武术的人文研究领域。因此，英美学术界的中国武术理论体系既具有科学属性又具有人文属性，始终没有解决学科归属问题，属于跨学科理论体系。虽然没有专属的学科研究方法，但是跨学科为全景敞视某一现象或事物提供的思路、视角和方法，有利于揭示现象背后或事物发展过程中的种种关联。武术研究因为缺乏完备的理论体系和明确的学科定位，所以不利于武术的传承和人才培养。

相比较而言，我国的学科体系主要引自西方和转道日本而来，在引进的过程中，养成了"习惯于用学科体系的有无作为判断一门学科是否成立（独立）的主要标准，习惯于用学科体系的完善与否作为判断一门学科水平的主要尺度。由此，在学术界形成了一种构筑体系的偏好"[1]。武术界当然不甘落后，在20世纪末和世纪之交，学者纷纷忙于武术学科理论体系的构建[2]，最终武术学科于1996年开始有权授予博士学位。1998年，武术专业扩展为民族传统体育学（隶属于体育学下属的4个二级学科之一）。国内武术理论体系的构建和学科定位为中国武术的发展、传承和武术人才培养作出了巨大贡献。同时，武术学科也面临着诸多挑战[3]和越来越明显的内源性障碍和发展瓶颈[4]，一定程度上，可以说是面临着学科危机。

---

[1] 胡建华：《我国高等教育学学科发展的特殊性分析》，载《教育研究》，2003年第12期，第15~18页。

[2] 蔡宝忠、张秋、李振林等：《武术理论体系的构建与研究的多元化》，载《沈阳体育学院学报》，1996年第1期；李成银，第24~27页：《创建武术理论体系框架的理论思考》，载《体育科学》，1996年第5期，第12页；白鸿顺：《武术理论体系框架研究》，载《西安体育学院学报》，1996年第4期，第5页。

[3] 邱丕相、马剑：《武术学科的科学化历程与面临的挑战》，载《体育科学》，2004年第4期，第62~64页；邱丕相、杨建营：《从历史与现状探析民族传统体育学科的发展》，载《体育学刊》，2008年第2期，第89~94页。

[4] 陈青：《武术学科面临的内缘性障碍与发展途径》，载《成都体育学院学报》，2014年第4期，第34~38页。

英美学者中国武术文化研究概论

英美中国武术研究的跨学科属性给中国国内武术研究的启示是：需要树立更加开放的学科姿态。对于一个学科的建设和发展而言，核心研究群体和外围研究人员同样需要。所谓跨界者，或者说学科渗透者，正如学者张应强等所言："他们只是在我们的'领地'上'耕耘'，并没有也不可能掠夺我们的'领地'，他们在收获自己成果的同时，也留给了我们成果。如此双赢，岂不更好？"①

第二节 对中国武术国际话语权的启示

国际话语权，简单地说，就是一个国家在国际场合发声的权力。理论上讲，每一个国家都有发声的权力，但是话语权的大小取决于话语能力。有理说不出，说了传不开，传了叫不响，那么国家的国际形象只能由他人塑造。

学术上将发不出声的现象称为"失语"。失语（症），原指语言能力的丧失，即指"由于特定脑区损伤而丧失产生语言或理解语言的能力，不能说出有意义语言的现象"②。在跨文化交往中，由于语言转换能力或文化认知能力的缺失而导致无言，即为文化失语。在英语世界中国武术研究领域，中国学者总体上显然是失语的。在法国学者米歇尔·福柯看来，话语即权力③。美籍阿拉伯学者萨义德更是直接指出："在东方主义这套话语体系中，东方被西方置于西方文化权力话语之下，成了一个被剥夺了话语权的他者，一个不会独立表述与言说自己因而只能由西方或借用西方的话语替他表达的对象。"④在国际学术界，中国武术文化失语的原因有以下几种可能：其一，对域外中国武术研究缺乏了解，甚至不知道域外还有这么多学者在关注武术、研究武术，而且挖掘得如此之深、成果如此之"令人诧异"；其二，对自己的文化缺乏自信；其三，对自己

---

① 张应强、郭卉：《论高等教育学的学科定位》，载《教育研究》，2010年第1期，第39~43页。
② 详见：全国科学技术名词审定委员会（CNTERM），术语在线。
③ Michel Foucault, *Power/Knowledge: selected Interviews and other Writings 1972-1977* (New York: Cornell University Press, 1963), p.164.
④ 叶献丹：《中国武术的"文化失语"与"文化认同"的思考——以体育全球化为背景》，载《武汉体育学院学报》，2007年第3期，第13~17页。

第十章 英美学者中国武术研究的启示

的文化过度自负,表现出对别人研究的不屑;其四,外语能力障碍,无法用外语去解读和表达自己的观点。无论是什么原因造成的中国武术文化失语,都会使中国武术始终处于被边缘化、被解释的地位,直接后果是导致全球范围内中国武术价值体系和参照标准将由别人来制定。武术项目申奥的失败便是鲜明的例证之一。伴随着外国人士对武术运动的批评,中国人自己也对自家的国粹产生深深的怀疑,甚至高举"打假"的旗帜,害得学术环境乌烟瘴气。

在全球化的背景下,提升中国武术文化的国际话语权,首先要了解国际学术界"谁在说""说什么",其次考虑国内武术界"谁去说""怎么说"。只有调查,才有发言权。既要避免文化心理上的过分臆想,又要避免情绪化、感情化叙事和说理,"一切得冷静从容地观察'他者'的规则与应变"①。中国武术在中外武技互映中挺立。在一定意义上说,互动才是文化发展的动力。正如巴赫金所言:"别人的文化只有在他人文化的眼中才能较为充分和深刻地揭示自己。"②同时,不同文化、不同涵义只有在交锋和对话中,才能显现出自己深层的底蕴。

从话语权角度看,英美学者的中国武术研究对提升中国武术国际影响力的启示在于:只要不过分臆想,不情绪化,不盲目自信,不过分自负,我们就能够静观其变,从容参与全球对话。在语言服务日益成熟的今天,研究者的外语水平事实上已经不是参与互动的主要障碍,关键在于互动的惯习还没有起步,文化自觉还没有真正付诸实践。千里之行,始于足下。提升中国武术研究者的国际话语权,其逻辑是了解—参与—分享(或主导)话语权,具体操作流程可以是:第一,由政府或武术管理机构组织和资助开展域外武术研究项目,梳理域外中国武术研究历史,摸清域外中国武术研究现状。第二,一方面鼓励中国学者积极使用国外学术平台(报纸、学术期刊、社团网站、学术博客,以及其

---

① 转引自叶献丹:《中国武术的"文化失语"与"文化认同"的思考——以体育全球化为背景》,载《武汉体育学院学报》,2007年第3期,第13~17页。
② [苏联]巴赫金:《巴赫金全集(第四卷)》,白春仁等译,石家庄:河北教育出版社,1998年,第370页。

他自媒体、学术会议等）；另一方面重在国内建设世界性学术平台[①]，发挥平台的吸引力，力争让域外中国武术研究者发表成果的载体向以中国为中心移位。第三，审视、梳理和盘点中国武术文化的核心价值，鼓励围绕核心价值展开百花齐放的讨论，无论是证实还是证伪，都予以尊重。当中国学者发出有针对性的声音时，必定会获得回应，在相互交流中，中国武术研究的单线思维变成了交互思维，影响力才能更大。

第三节　对中国武术现代化发展的启示

中国武术的现代化改造是近代以来面临西方体育文化冲击而作出的自我调适，其最初的目的是与国际赛事接轨，但是实际上弄丢了自己的灵魂。操化武术使原有的传统武术文化蕴含荡然无存，比如传统武术动作术语"隔山打牛"被改写为西方体育中的"右平左曲左寸腿"，传统术语"剪步群拦"变成了"拳猛向前打"，现代武术赛制也看不到传统擂台赛和传统比试"点到为止"的影子。虽然作出了这些调整，但由于各种原因，武术至今被拒在奥运会的大门之外，西方民众也认为 Wushu 并不是他们心目中的中国功夫。

在英美学者中国武术研究的文本中，关于"博大精深，源远流长"相应或相近的表述避而不谈，反复出现的命题是"中国武术乃现代新造的传统"（invented tradition）。这实际上反映出中外学者在研究中国武术时所持的两种情怀和两种范式。中国学者往往立足儒、释、道文化，武术之根、之用似乎不言而喻，容易陷入"日用而不知"的情怀之中。外国学者往往立足非儒、释、道文化（如基督教文化、伊斯兰教文化等），对于他们来说，中国武术的方方面面似乎没有不言而喻的东西，容易陷入"怀疑一切"的情绪之中。中外之别，绝非有孰高孰低简单之分。正如鲁迅所言："自己生长其地，看惯了，或不觉得什么，但在别的地方人，看起来觉得是非常开阔眼界，增加知识的。"外

[①] 关于学术平台对于学术传播的重要性，国外学者如保罗·鲍曼，国内学者如卢德平都曾反复强调。详见：Paul Bowman and Benjamin Judkins, "Show, don't tell: Making martial arts studies matter," *Martial Arts Studies* 5 (2018):1～14；卢德平：《转变"学术走出去"的思维》，载《社会科学报》，2017 年 3 月 9 日，第 5 版，第 2 页。

第十章 英美学者中国武术研究的启示

国学者看中国武术,是这样;而我们反过来看国外学者中国武术研究的成果,也是如此。比如,当我们看到贾金斯从北京朝阳区小学生课间武术操看到中国政府的治国方略,弗兰克从上海人民公园师父们对洋徒弟不一样的收费标准看到中国人的民族情结,以及鲍曼对李小龙"指月手"的哲学分析时,都会觉得"开了眼界,涨了知识"。而当看到国外学者大谈中国武术乃现代新造的传统时,也不应当情绪化地拉开防御性抵抗的姿势,当然更不应当表现出臣服的态度,而应当以学者的风范予以正解或反驳。

从"中国武术乃现代再造之传统"言论中,我们可以看到国外研究者对现代化语境下中国武术发展的些许失望。能对中国武术研究感兴趣并将中国武术研究作为主要学术阵地的学者,往往对中国传统武术是有情怀的。当他们研究发现如今的中国武术充满现代化的元素,对他们的初心肯定会多少有些冲击,这是可以理解的。对于中国学者而言,需要反思的是:遭遇现代化,中国武术该如何发展才能永葆传统之魅力?是原汁原味地复古,还是大刀阔斧地进行现代化改造?

然而,在现代化的滚滚潮流之中,来不及过多地思考,中国武术已经在异化的发展道路上越走越远[1]。异化是中国武术在现代化进程中为求自身发展而付出的代价,中国学者对此也多有微词。外国学者虽然不会以推动中国武术发展为己任,但是失望之情溢于言表。我们从外国学者的角度反思中国武术的现代性异化,不是为了取悦他人以求发展,而是需要反思中国武术如何在现代化进程中既有所发展又不失自我。外国学者没有直接给出答案,因为中国武术如何发展并不是他们特别关注的,他们感兴趣的是中国武术的传统魅力和中国武术之于民族、国家的政治意图。从这一点来说,英美中国武术研究给我们的启示是:中国武术必须坚持传统特色,现代竞技化改造不利于中国武术在国际上产生深层影响。

---

[1] 戴国斌:《武术现代化的异化研究》,载《体育与科学》,2004年第1期,第8~10页、第14页。

第四节　对中国武术全球化传播的启示

真正在文化自觉意识下的武术国际传播始于 20 世纪初期精武会海外分会的成立。其中，以 1936 年德国柏林奥运会上中国武术表演团的武术表演最为突出①。武术表演是中国武术全球化传播的形式之一，此外还有师徒传播、赛事传播、影视文学传播和学术传播。其中，学术传播主要是在知识分子中进行，是将本属于中国的地方性知识变为世界知识的关键途径。

概言之，英美的中国武术研究者，首先与中国武术结缘，在习练中国武术的过程中，转向对中国武术展开研究。如艺术家索菲亚·德尔扎接受过吴式太极拳训练，哲学家巴里·艾伦接受过少林拳和太极拳的训练，人类学家亚当·弗兰克也接受过吴式太极拳训练，本杰明·贾金斯接受过咏春拳训练，等等。这印证了中国武术国外发展的"由技术而文化，最终从文化上影响他者"的传播路径略有成效。对于中国的拳师来说，如果他们了解到自己的拳种已经进入国外学者的视野，无论是正面还是负面的，都必将是一种触动。

武术作为一种身体文化②，其传播也是一种名副其实的文化传播。文化传播越彻底，越能影响和改变一个人或一群人。正如西方的基督教传播。传教士以感化天下人为使命，奔赴世界各地传播基督教文化，已经悄然在改变着世界各地的人们，包括中国的各个村落③。中国武术传播者更应该具有惠及天下人的使命。也许中国武术传播者还没有意识到这一点，研究中国武术的外国学者已经率先视自己所从事的研究为使命了。正如德国学者、武术研究专家韦茨勒所言，"我们的任务不是要去描绘出气是如何流动的，而是要找到中国武术内家拳的习练者认为气是怎么流动的"④，而且一针见血地指出"文化研究从一开始

---

① 卢安、姜传银：《近代以来武术国际传播学理反思与策略重构》，载《体育文化导刊》，2017 年第 1 期，第 184~189 页。

② 戴国斌：《武术：身体的文化》，北京：人民体育出版社，2011 年。

③ 王鹏：《浅析当下基督教在我国的传播》，载《视听》，2015 年第 5 期，第 212~213 页。

④ Sixt Wetzler, "Martial arts studies as kulturwissenschaft: A possible theoretical framework," *Martial Arts Studies* 1, (2015): 20~33.

第十章 英美学者中国武术研究的启示

就被设计成政治项目;他们不仅想了解这个世界,他们还想改变这个世界"①。基于此,笔者认为,无论是传承也好,或是传播也罢,都应该以惠及天下人为胸怀,外国人也可以作为受传人。中国武术以技术传承(或传播)为手段,以文化传承为核心,如果能从传统的递贴、拜帖等仪式化程序开始,传续身体技术和做人做事之道,必将是功在当代、利在千秋的事业。如此一来,作为传承人和受传人,也必将带着一种使命感,将所学传承下去。中国武术是中国智慧,解决全人类共同面临的问题,如环境、健康、安全等,都需要中国智慧。智慧的创造是人们一代又一代的经验积累,而智慧的提炼需要一代又一代学者的努力。

中国武术欲惠及天下,既需要纵向传承,也需要横向传播,而传承和传播在中国武术界有两大弊病:一是传承方面存在强烈的"保守风",二是传播方面具有浓重的"宣传味"。

从英美学者的中国武术研究状况来看,国外不乏对中国武术有情怀和对中国武术研究感兴趣的知识分子。他们对中国武术的理解和见解远远高于我们的预想。因此,笔者认为:很多时候,中国武术跨文化传播仅仅依靠宣传、巡演是远远不够的,必须动用相关学者去做足"知彼知己"的工作,关键是要深入研究中国武术文化厚重的感召力,精准提炼武术技术的核心竞争力,与此同时,更要深入了解国外思维模式、行为方式对武术的"口味"需求,而这一切,唯有带着敏锐的眼光和深刻的思辨能力进行学术探究,方能得其要领。

第五节 对中国武术科学研究的启示

任何科学研究,不论是自然科学,还是社会科学,抑或是人文科学,都有其目的性。要么是为了揭示事物的内在规律,要么是为了发现事物发展过程中的真相。中国武术的科学研究也不例外,它既不是有感而发的情绪表达,更不是"为了几两碎银"的文字游戏。研究者必须有学术梦想和使命担当。

---

① 详见 Sixt Wetzler, "Book Review: Mythologies of Martial Arts," July 10, 2017. https://doi.org/10.36950/apd-2017-011。

在武术科学研究上,我们既要立足自己的研究范式,守土有责,又不能夜郎自大,故步自封。就英美学者的人文研究视角而言,我们本着取其精华、弃其糟粕的态度,就会发现他者对中国武术的研究有不少地方是值得借鉴和吸收的。比如,在艺术界,索菲亚·德尔扎并没有满足将太极拳和舞蹈在技术上进行兼容,而是对太极拳进行深层次的学术思考,著书立说,在学术界留下自己的声音。在武术人类学研究上,亚当·弗兰克的做法是:与其说是研究武术,不如说是研究武术人。他深入中国武术习练者群体,观察人与社会。当前中国的学者在武术人的研究方面已经取得了有目共睹的成绩,对民族认同、身份认同有了较深的挖掘。在武术史学研究上,皮特·洛奇给我们的启示是,我们仍然能够在新材料、新方法上寻求武术史研究的突破口,以求得中外武术发生、发展、演变的历史经验。在武术哲学研究上,巴里·艾伦给我们的启示是武术哲学研究也可以突破儒、释、道,向西哲追问、求解,以捕获武术所折射出来的"普世价值"。在武术政治学研究上,本杰明·贾金斯的敏感性提醒我们,非常有必要高度重视武术在社会治理和对外交往中的价值,以求在日常生活中充分发挥武术道、义、伦理方面独特的沟通功能。保罗·鲍曼在武术文化学方面的研究,提醒我们可能以往国内学者将国外武术称为武技是不妥的,因为国外的武术同样富含文化因子,不仅仅是"技",同样有"道"。斯蒂芬·塞尔比通过译、介、评、探中国射艺,不提中国智慧,却处处流露中国智慧,不提世界知识,却不知不觉地将地方知识转化为世界知识。卢克·怀特将目光投向19世纪60年代末和19世纪70年代初以来的中国香港武侠电影和功夫电影,深挖这些大众电影或平民电影中可能蕴含的各种抵抗和反抗的秘密武器。

就研究范式和研究方法而言,英美学者的武术文化研究总体上是偏离武术技术本体的研究,解决的是武术和人的关系问题。中国国内学者的武术研究自近代以来总体上是以用为主的研究①,回答的是"武术何用"的问题。在反帝、反封建、反殖民地的特殊历史时期,中国传统武术又遭遇西方学科体系的冲

---

① 刘红军、戴国斌:《近代学术转型背景下中国武术学术的现代化转向》,载《北京体育大学学报》,2022年第11期,第150~170页。

第十章　英美学者中国武术研究的启示

击，被"科学地"安置在体育学门类之下。那么，按体育学理来说，武术研究理应在运动训练学、运动解剖学、生物力学等现代知识的审视中走向科学化，但是从当下现实来看，武术研究面临严重的认知危机和发展局限。时过境迁，如何在新时代的背景下保持中国武术的时代生命力，武术界的学者专家仍需要一番细思量。

第十一章
结　语

　　本书以英美学者的中国武术研究成果为研究对象，以"知己知彼"为目标，展开逆向研究，即国外学者研究中国武术，我们反过来以这些国外学者和他们的研究成果为研究对象展开研究。此类研究既需要手持"望远镜"观之（如本书第一章），也需要手持"显微镜"察之（如第二章至第九章），还需要开动脑筋思之、辨之、用之（如第十章）。英美学者的中国武术人文研究属于海外中国学（汉学）研究的一部分，需要中国学者的积极回应，这不仅仅是关于武术问题，还涉及整个中国传统文化信任问题。传统文化的可持续发展既需要自我反思，又需要借鉴"外脑"。这是一项长期而艰巨的伟大工程。本章对现有的研究作了阶段性的总结，并对未来相关研究加以遐思和展望。

　　英美学者的中国武术研究成果众多，观点各异。本书对他们的研究状况进行逆向研究时，首先通过梳理期刊论文、硕博论文和专著等相关研究成果，利用文献计量学的统计方法，从宏观上把握英语世界中国武术研究的进展情况。然后着眼于人文领域内具有典型性和创造性的研究成果进行个案研究。对于自然科学和一般性的人文研究成果略而不论，比如本书所选的研究对象中除了英语世界太极拳传播先驱德尔扎，其余都是目前在中国武术研究领域比较活跃的专家，他们的研究成果反映出了研究者本人的中国武术观，也折射出英语世界的时代文化特征。此外，在每一章的小结中，尽量去观照中国国内同行的相关研究。基于这一认识来阐述英美学者的中国武术研究，本书得出以下几点

第十一章 结　语

结论。

第一，英美中国武术研究者的学科背景复杂多样。武术并不是奥运会的比赛项目，所以在国外，武术并不是各高校体育院系的规定课程，即使有的学校开了武术课程，也很少有人把中国武术作为体育学科范畴的对象来研究。因此，英美的中国武术研究者主要是人文学者。比如，在目前英语世界比较活跃的中国武术研究专家中，贾金斯是政治学博士，弗兰克是人类学博士，洛奇是历史学博士，鲍曼是文化学博士，怀特是艺术学博士。相比较而言，中国国内的武术研究者队伍较为单一，主要是体育学领域内的专家学者。

第二，英美的中国武术研究涉及面虽广，但是和中国国内的武术研究相比，仍然存在许多盲区。由于英美中国武术研究者的学科背景不一，他们自然会从各自学科的研究思维和研究路径出发探讨中国武术。在英语世界中，武术研究是名副其实的跨学科领域。换言之，武术在英语世界不属于某一特定的学科，并不像在中国国内那样具有强烈的归属感。正因为没有归属感，所以它自身的发展容易被忽视。比如，在目前英语世界比较活跃的中国武术研究专家中，武术发展策略研究就是盲区之一，虽然有的文章试图谈及此事，但是声音极其微弱。

第三，英美学者对中国武术的理论研究挖掘有一定的深度。一般来说，跨界研究有两种方式，一种是跨界征用"别人"的理论来研究自己，另一种是使用自身的理论跨界研究"别人"的对象以此来验证自己的假设。英语世界的中国武术研究基本上属于后者。这并不能由此判断谁的成果更有价值，因为他们的研究成果对跨界的各方都有价值。认识不到这一点，就会陷入狭隘的学科园囿，从而影响学科向前发展。艺术家更能从专业的艺术角度研究武术，政治学家更能从政治学的视角探究武术。同理，人类学家、史学家、哲学家等，都会凭着自身的学科素养从中国武术中挖掘出不一样的东西。这对于中国武术来说都是内涵丰富的反哺资源。

第四，英美中国武术研究的范式（方法）和中国国内的研究范式有同有异。就相同点来说，人类学、社会政治学视角的研究都注重田野调查的价值，史学、哲学视角的研究都注重文本分析的方法，而文化学者都更关注文化现象

英美学者中国武术文化研究概论

和媒介文化讯息,等等。就相异点而言,各有各的不同。比如,在人类学家弗兰克的研究中,更多的是以自己为主角,以叙事为基调,采用层层深入田野的书写方式。在史学家洛奇的研究当中,有意淡化"约定俗成"的大事件,而是以技、理、人和相关的术语为点,编织中国武术史体系。

第五,英美中国武术研究者的著作整体反映出个人主义思想,也进一步反映出西方以中国为对象的研究容易产生爱德华·沃第尔·萨义德(Edward W. Said, 1935—2003)所说的东方主义(Orientalism)。萨义德认为,东方主义是一种西方人蔑视东方文化,并任意虚构"东方文化"的一种偏见性的思维方式或认识体系。东方主义本质性的含义是西方人文化上对东方人控制的一种方式[1]。英美学者的研究成果中很少像中国国内研究者那样将自己的研究意义上升到集体和国家的高度。此外,英美中国武术研究者的观点解读总体上理性大于感性,但是一定程度上存在脱离中国历史文化语境的想象性解读、误读和错解。比如,人类学家弗兰克认为中国武术圈最为睿智和优秀的人物,已经移民到了美国,太极拳已经不再是中国的太极拳了,这个观点明显缺乏依据,即使优秀的太极拳师去美国教拳,那也是在传授中国文化。再比如,目前英美中国武术研究者普遍认为,现代中国武术是新发明的传统(invented tradition),这说明他们没有带着发展的眼光看事物,因为我们认为传统也不是一成不变的。

第六,英美中国武术研究者对中国武术是中国代表性文化符号是认可的,他们坚信从中国武术中可以挖掘出很多关于中国文化的宝藏。对于竞技武术(如套路比赛、散打比赛),学者在态度上承认其是中国武术现代化改造的结果,但是很少有人将其作为研究对象进行深入研究。对于武术申奥,有的学者(如贾金斯等)明确反对,认为那样的话,武术将失去传统韵味;有人认为,"愿意看到奥运赛场上的中国武术"(如鲍曼等)。整体上,他们对中国武术的研究越来越偏向于挖掘"武术现象"(如少林功夫表演等)或"武术人"(如李小龙、释永信等)背后的意识形态,如民族认同、国家治理。学者对中国武术本体技术(如手眼身法步、精神气力功)等理论体系的挖掘仅限于对"气"描

---

[1] [美]爱德华·W·萨义德:《东方学》,王宇根译,北京:生活·读书·新知三联书店,2007年。

第十一章 结 语

述，对中国武术表现出来的其他智慧虽然很感兴趣，但是缺乏了解。这可能是中国国内学者将来参与国际话语、分享中国智慧的重中之重。

第七，英美中国武术研究对中国武术发展和国内中国武术研究具有重要的启示意义。对英美学者的中国武术研究展开深入细致的逆向研究，有利于把握海外中国武术在知识阶层中的影响力。对他们的学术背景和治学取向，以及研究成果进行分析，无论其观点是正面的还是负面的，都将会对中国国内武术界的学者或多或少有些触动，将会进一步推动中国武术研究更深入、全面地开展，进一步促进中国武术的传承与传播。

通过对英美中国武术研究的逆向研究，我们既可以从宏观上把握英美中国武术研究的现状，也可以从微观上了解目前活跃在这个领域内的专家学者的学术背景、研究取向、研究成果和学术观点。这不仅为中国武术的未来发展提供了借鉴，也为中国国内的武术研究者了解域外同行、与海外学者进一步交流互动打下基础。展望英美中国武术研究的发展趋势及其对中国国内武术研究的影响，以下几点发展趋势依稀可见。

第一，从目前英美的中国武术研究开展状况来看，在不远的将来，英美学术界将出现中国武术研究的小高潮。在目前的研究者中，虽然他们有的进入暮年，但是还在出成果，更多的是20世纪60年代至70年代出生，有的是20世纪80年代出生，他们正值精力旺盛时期，对中国武术研究深感兴趣，加之又能熟练地利用传统媒介（如创办英文学术刊物《武术研究》），又能够熟练地利用新媒体，如创建英文学术博客（如"功夫茶"），以及在社交媒体上建立公众号等，研究成果不断出新。从和笔者的书信往来中得知，有的美国学者正在和欧洲学者合作研究咏春拳，并声称他们已经有了未来数年的研究计划。

第二，国内将会有更多的年轻学者参与到海外中国武术研究的逆向研究中来。随着成果的不断增加，海外中国武术研究的逆向研究将有可能和国内的海外中国学研究接轨。鲍曼表示，继他2018年在国内刊物《体育与科学》发表一篇关于李小龙的研究文章后，便络绎不绝地收到中国学者的来信，要求投其门下攻读学位或访学。可见，中国年轻学者中，有志于此领域研究的大有人在。

第三,国外的中国武术研究热将成为推动国内武术研究进展的新动力。国外同行的研究成果不断地被介绍到国内,对于国内的武术研究者来说,也是一种触动。以前,不少国人听到外国人在研究中国武术和中国风水时,常会不以为然地说:"他们懂个啥!"如今,当他们的研究成果摆在面前时,我们不得不佩服他们的理解力和洞察力。

第四,国内外武术研究者的互动局面将会出现,将有更多的中国武术研究者的研究成果在国际刊物上发表。国内外学者将会就某一个话题展开讨论,将碰撞出一个个思想的火花。在异语言文化的语境下(如英语世界),中国学者将会更多地参与中国武术研究话语权的分享:一方面,可以及时纠正国外学者对中国武术的误读和误解,澄清事实真相;另一方面,也学会倾听国外学者的声音,反思和回应国外学者的质疑。除了大众传播,学术传播将成为中国武术国际化和中国文化走出去的另一个支点。

第五,武术文化研究有可能成为欧美学者中国学研究的重要课题。英美国家,或者在更大范围来说,欧美国家对他国的研究是其了解外部现实世界的强烈需求。针对他国的国别区域研究(Country-specific Study)既是对外部世界的知识性探索,也是服务于特定历史时期政治、社会、经济发展需要的知识体系探索。从学术史来看,欧美的国别区域研究发端于近代早期欧洲列强的海外探险和殖民扩张活动,成型于"二战"后美苏冷战期间的全球争霸和区域争夺。可见,这类研究是"名副其实的帝国之学或大国之学"①,其内容涵盖对象国家和地区的自然地理、风土人情、政治文化和宗教信仰等人类生活的几乎全部领域,其核心在于目标国家和地区知识体系的认知建构,以备合作之用、交流之用、全球治理方面的战略之用和突发事件处理方面的对策之用。从本质上看,这是不同民族和文明互动交流的产物。由于域外知识体系建构的复杂性,相关研究往往需要多方位、多角度、多学科协力才能取得成效。

如果我们仅以自己单向度的文化视角来看待他者的研究,可能有时会觉得外国人研究中国武术的视角、方法、理论架构、研究结论有怪异之感,甚至不

---

① 梁占军:《世界史视域下的国别区域研究》,载《光明日报》,2021年12月13日,第14版。

第十一章 结 语

可理喻。一方面，他们对中国武术的正面评价不代表他们就服膺中国武术；另一方面，他们对中国武术的负面评价也不代表他们就排斥中国武术。通过研究中国武术，让英语世界的人体会与己不同的身心修炼方式，获得异域文化的感官体验，可能是英语世界研究者的文化诉求，反过来看，这一诉求的产生源于其观察问题的文化立场和视角。诉诸自己的文化立场，进入中国武术研究，便形成中西方心灵的沟通，也就会为政治、经济、文化交往奠定文化心理基础。中国武术的国际化发展，需要走出单一的自我文化视角的局限，进入他者的视角，了解他者的感受和反馈。进入他者的文化视角并不意味着放弃自我文化，而是将其作为拓展自我认知的一种手段，为中国武术的发展注入新的动能。

我们更要注重考察当这些研究成果反馈到国内时，在何种意义上推动了我国当代武术研究和发展的进程，从学术共同体角度考察国内外学术界的良性互动。为此，本书提出以下几条建议：其一，国内武术研究专家既要有家国情怀，还要有国际视野和国际胸怀，尤其要有话语意识，它反映在一个民族国家最根本利益的意识形态体系之中。有话语意识才会促成双向阐释和对话，对话的根本目标不是要征服他者或者清除他者的研究，而是要通过学术研究达到跨文化的视域融合，实现多元文化的共生共荣，相互滋养。其二，武术主管部门既要选派武术表演团出访交流，也要选派武术研究专家学者出访交流。其三，组建海外中国武术研究机构。其四，鼓励学术期刊开设海外中国武术研究专栏。其五，积极与海外汉学研究队伍合作，组织和参与高规格的国际学术会议，邀请海外各界中国武术研究专家来华交流。其六，组织开展出国留学人员的武术培训和来华留学生的武术培训。

最后，需要指出的是，本书属于开拓性的基础研究，尚存在诸多的局限性和不足。既然是开拓性的，就意味着本领域的研究仍处于起步阶段，还不成熟。本书的不足和局限性主要表现在以下三个方面：首先，资料收集方面，纵然目前电子学术资源非常便捷、丰富，各大数据库的建立为全球学术研究提供了便利，但是仍然难以穷尽所有资料。另外，由于国内外学术成果评价体制的差别，国外许多相关的研究成果并非只认准SSCI或者SCI等数据库收录的期刊，许多大家经常在"普刊"上发表高质量的文章。关于这一部分资料，本书涉及较少。其次，材料的取舍方面，英语世界的中国武术研究跨界范围较广，涉及的面较多，对其开展逆向研究，难以达到周全。又因为国内之前对这方面的逆向研究开展不够，所以很多信息都想呈现给国内的同行，让国内学者对国外的同行有更多、更全面的了解，因此材料的取舍成了一大难题。本书只能在主要的领域挑主要学者择其一二述之。最后，在材料分析方面。由于本书的对象是国外学者对中国武术的研究状况，材料基本上是英文。对外文的理解、消化总是无法像母语那样来得自然、深刻，加之本人水平有限，不可避免地会存在误读、误解之处。

借用英国诗人莎士比亚的传奇剧《暴风雨》中的一句台词"凡是过去，皆为序章"来结束本书，希望本书的撰写对于更多高质量的国内外武术研究来说只是个开场的引子，精彩还在后面。

参考文献

中文专著

［法］保罗·利科. 诠释学与人文科学 语言、行为、解释文集 [M]. 孔明安，等译. 北京：中国人民大学出版社，2012.

［意］贝奈戴托·克罗齐. 历史学的理论和实际 [M]. 傅任敢，译. 北京：商务印书馆，1982.

［美］鲁思·本尼迪克特. 菊与刀：插图评注版 [M]. 刘峰，译，萨苏，评注. 北京：当代世界出版社，2008.

［英］罗兰·罗伯森. 全球化：社会理论和全球文化 [M]. 梁光严，译. 上海：上海人民出版社，2000.

［美］华勒斯坦（I. Wallerstein）等. 学科·知识·权力 [M]. 刘健芝，等编译. 北京：生活·读书·新知三联书店，1999.

［英］谢肃方（Stephen Selly）. 中华射艺史话 [M]. 陈雨石，负琰，译. 北京：北京大学出版社，2023.

戴国斌. 武术：身体的文化 [M]. 北京：人民体育出版社，2011.

杜维运. 史学方法论 [M]. 北京：北京大学出版社，2006.

郭志禹主编. 中国武术史简编 [M]. 北京：人民体育出版社，2007.

国家体委武术研究院编纂. 中国武术史 [M]. 北京：人民体育出版社，1997.

马廉祯主编. 武学：中国传统射箭专辑 [M]. 广州：广东人民出版社，2016.

邱丕相. 中国武术史 [M]. 北京：高等教育出版社，2008.

王铭铭. 社会人类学与中国研究 [M]. 桂林：广西师范大学出版社，2005.

习云太.中国武术史[M].北京：人民体育出版社，1985.
于志钧.中国传统武术史[M].北京：中国人民大学出版社，2006.
周伟良编著.中国武术史[M].北京：高等教育出版社，2003.

中文学位论文

吉灿忠.武术"文化空间"论绎[D].上海：上海体育学院，2011.
李义杰.媒介与文化资本——基于中国武术文化资源资本转换的研究[D].杭州：浙江大学，2012.

中文期刊论文

蔡仲林，汤立许.武术文化传播障碍之思考——以文化软实力为视角[J].天津体育学院学报，2009.
陈青.武术学科面临的内缘性障碍与发展途径[J].成都体育学院学报，2014.
戴国斌.武术现代化的异化研究[J].体育与科学，2004.
戴国斌.从狩猎之射到文化之射[J].体育科学，2009.
戴国斌.文化自觉语境中武术研究的探索与思考[J].上海体育学院学报，2014.
龚茂富.由"术"至"道"：中国传统射箭的文化变迁与创造性转化[J].成都体育学院学报，2018.
郭玉成，范铜钢.国家形象构建视域下的武术文化传播策略[J].上海体育学院学报，2013.
郭玉成，李守培.武术构建中国国家形象的定位研究[J].北京体育大学学报，2013.
侯胜川，刘同为.大众文化视域下的中国武术发展研究[J].沈阳体育学院学报，2014.
胡小明.国外体育人类学述评[J].武汉体育学院学报，2006.
李醒民.论科学的分类[J].武汉理工大学学报(社会科学版)，2008.
马明达.中国古代的射书[J].体育文化导刊，2004.

马秀杰，姜传银，Paul Bowman. 李小龙的文化遗产——第四届国际武术论坛（英国卡迪夫大学）学术综述 [J]. 体育与科学，2018.

邱丕相，马剑. 武术学科的科学化历程与面临的挑战 [J]. 体育科学，2004.

冉学东，王岗. 对中国武术文化"走出去"战略的重新思考 [J]. 体育科学，2012.

汤一介. 研究"海外中国学"的意义 [J]. 国家图书馆学刊，2010.

王国志，邱丕相. 解读武术大众文化 [J]. 体育文化导刊，2005.

王国志，邱丕相. 多维文化视角下的大众武术 [J]. 上海体育学院学报，2008.

武建国，牛振俊. 趋近化理论视域下的政治话语合法化分析——以特朗普的移民政策为例 [J]. 中国外语，2018.

夏建中. 当代流行文化研究：概念、历史与理论 [J]. 中国社会科学，2000.

杨啸原. 国外武术市场的现状及其成因探究 [J]. 武汉体育学院学报，1998.

叶献丹. 中国武术的"文化失语"与"文化认同"的思考——以体育全球化为背景 [J]. 武汉体育学院学报，2007.

张祥龙. 思想方式与中国观——几位德国思想家的中国观分析. 河北学刊 [J]，2000.

张应强. 超越"学科论"和"研究领域论"之争对我国高等教育学学科建设方向的思考 [J]. 北京大学教育评论，2011.

宗争. 射何以成道——游戏文化机制的符号学研究 [J]. 成都体育学院学报，2017.

英文专著

Boretz, Avron. Gods, Ghosts, and Gangsters: Ritual Violence, Martial Arts, and Masculinity on the Margins of Chinese Society [M]. Honolulu: University of Hawaii Press, 2010.

Bowman, Paul. Theorizing Bruce Lee: Film-Fantasy-Fighting-Philosophy [M]. New York: Rodopi, 2010.

Bowman, Paul. Beyond Bruce Lee: Chasing the Dragon through Film, Philosophy and Popular Culture [M]. New York: Columbia University Press, 2013.

Bowman, Paul. Mythologies of Martial Arts [M]. London: Rowman & Littlefield International, 2016.

Bruce, Thomas. Bruce Lee: Fighting Spirit [M]. California: Blue Snake Books, 1994.

Delza, Sophia. Feel Fine, Look Lovely: Natural Exercises for Health and Beauty [M]. Portland: Hawthorn Books, 1969.

Delza, Sophia. T'ai Chi Ch'üan: Body and Mind in Harmony [M]. New York: David McKay Co, 1961.

Delza, Sophia. The T'ai-Chi Ch'üan Experience: Reflections and Perceptions on Body-Mind Harmony[M]. Robert Cummings Neville (ed). Albany: State University of New York Press, 1996.

Derrida, Jacques. Margins of Philosophy [M]. London: Harvester Wheatsheaf, 1982.

Frank, Adam D. Taijiquan and the Search for the Little Old Chinese Man: Understanding Identity through Martial Arts [M]. New York: Palgrave Macmillan, 2006.

Geertz, Clifford.The Interpretation of Cultures [M]. New York: Basic Books, 1973.

Grix, Jonathan. Sport Politics: An Introduction [M]. London: Springer, 2015.

Habermas, Jürgen. Legitimation Crisis [M]. London: Heinemann, 1976..

Jones, David E. Combat, Ritual, and Performance: Anthropology of the Martial Arts [M]. CT: Praeger, 2002.

Judkins, Benjamin and Jon Nielson. The Creation of Wing Chun: A Social History of the Southern Chinese Martial Arts [M]. New York: State University of New York Press, 2015.

Kam Louie. Theorizing Chinese Masculinity: Society and Gender in China [M]. Cambridge: Cambridge University Press, 2002.

Kato, T. M. From Kung Fu to Hip Hop: Revolution, Globalization and Popular

Culture [M]. Albany: State University of New York Press, 2007.

Leys, Simon. The Burning Forrest: Essays on Chinese Culture and Politics [M]. New York: Hol, Rinehart and Winston, 1986.

Lorge, Peter. Chinese Martial Arts: From Antiquity to the Twenty-first Century [M]. Cambridge: Cambridge University Press, 2012.

Lorge, Peter. Debating War in Chinese History [M]. Leiden: Brill Academic Pub, 2013.

Lorge, Peter. Reunification of China: Peace through War under the Song Dynasty [M]. Cambridge: Cambridge University Press, 2015.

Lorge, Peter A. War, Politics and Society in Early Modern China, 900-1795 [M]. London: Routledge, 2005.

Lu, Zhouxiang. Politics and Identity in Chinese Martial Arts [M]. New York and London: Routledge, 2018.

Michael, Foucault. Power/Knowledge: selected Selected Interviews and other Other Writings 1972-1977[M]. New York: Cornell University Press, 1963.

Shahar, Meir. The Shaolin Monastery: History, Religion, and the Chinese Martial Arts [M]. Honolulu : University of Hawaii Press, 2008.

Stephen, Selby. Chinese Archery [M]. Hong Kong: Hong Kong University Press, 2000.

Stephen, Teo. Hong Kong Cinema: The Extra Dimensions [M]. London: British Film Institute, 1997.

Tim, Trausch, ed. Chinese Martial Arts and Media Culture: Global Perspectives [M]. London: Rowman & Littlefield, 2018.

Wen, Zee. Wu Style Tai Chi Chuan: Ancient Chinese Way to Health [M]. Berkeley: North Atlantic Books, 2002.

Wile, Douglas. T'ai Chi's Ancestors: The Making of an Internal Martial Art [M]. New York: Sweet Ch'I Press, 1999.

英文学位论文

Amos, Daniel Miles. Marginality and the Hero's Art: Martial Artists in Hong Kong and Guangzhou [D]. University of California, Los Angeles, 1983.

Coover, Darcy. From the Gilded Ghetto to Hollywood: Bruce Lee, Kung Fu, and the Evolution of Chinese America [D]. Clemson University, 2008.

Eisenman, Lujing Ma. Fairy Tales for Adults: Imagination, Literary Autonomy, and Modern Chinese Martial Arts Fiction, 1895-1945[D]. University of California, 2016.

Frank, Adam D. Taijiquan and the Search for the Little Old Chinese Man: Ritualizing Race through Martial Arts [D]. The University of Texas, 2003.

Gonzalez, Ricardo Francisco. Chinese Gong Fu: The Embodied Myth [D]. The University of Texas at Dallas, 2010.

Liu, Petrus. Stateless Subjects: Chinese Martial Arts Fiction and the Morphology of Labor [D]. University of California, 2005.

Szeto, Kin-yan. The Cosmopolitical Martial Arts Cinema of Asia and America: Gender, Ethnicity and Transnationalism[D]. Northwestern University, 2005.

Takacs, Jeffrey Lee. All Heroes Think Alike: Kinship and Ritual in Baguazhang [D]. The University of North Carolina, 2001.

Wan, Margaret Baptist. "Green Peony" as New Popular Fiction: The Birth of the Martial Romance in Early Nineteenth-Century China [D]. Harvard University, 2000.

Yip, Man Fung. Martial Arts Cinema and Hong Kong Modernity: Bodies, Genders, and Transnational Imaginaries [D]. The University of Chicago, 2011.

英文期刊论文

Bowman, Paul and Benjamin Judkins. Editorial: Is martial arts studies trivial? [J]. *Martial Arts Studies*, 2017.

Bowman, Paul and Benjamin Judkins. Show, don't tell: Making martial arts studies matter[J]. Martial Arts Studies, 2018.

Bowman, Paul. Asking the question: Is martial arts studies an academic field?[J]. Martial Arts Studies, 2015.

Bowman, Paul. The definition of Martial Arts Studies [J]. Martial Arts Studies, 2017.

Bowman, Paul. The intimate schoolmaster and the ignorant sifu: Poststructuralism, bruce lee, and the ignorance of everyday radical pedagogy [J]. Philosophy and Rhetoric, 2016.

Brooke, Mark. Masculinity in Singapore: the residual culture of the Chinese martial artist [J]. Sport in Society, 2017.

Cynarski, Wojciech Jan. Values of martial arts in the light of the anthropology of martial arts[J]. Journal of Combat Sports and Martial Arts, 2012.

Desser, David. Diaspora and national identity: exporting "China" through the Hong Kong cinema [J]. Post Script, 2001.

Henning, Stanley E. Chinese boxing: The internal versus external schools in the light of history and theory [J]. Journal of Asian Martial Arts, 1997.

Henning, Stanley E. Media review: The shaolin grandmasters' text: History, philosophy, and gung fu of shaolin ch'an[J]. Journal of Asian Martial Arts, 2005.

Henning, Stanley E. Reflections on a visit to the Shaolin monastery[J]. Journal of Asian Martial Arts, 1998.

Henning, Stanley E. Review on *The Shaolin Monastery: History, Religion, and the Chinese Martial Arts* [J]. Journal of Asian Martial Arts, 2008.

英美学者中国武术文化研究概论

Henning, Stanley E. The Chinese Martial Arts in Historical-Perspective [J]. Military Affairs, 1981.

Holcombe, Charles. Theater of Combat: A Critical Look at the Chinese Martial Arts [J]. Journal of Asian Martial Arts, 1992.

Jennings, George, David Brown and Andrew C. "It can be a religion if you want": Wing Chun Kung Fu as a secular religion [J]. Ethnography, 2010.

Judkins, Benjamin. Inventing Kung Fu [J]. JOMEC Journal, 2016.

Krug, Gary J. At the feet of the master: Three stages in the appropriation of Okinawan Karate into Anglo-American culture [J]. Cultural Studies: Critical Methodologies, 2001.

Lantz, Jim. Family development and the martial arts: A phenomenological study [J]. Contemporary Family Therapy, 2002.

Lauche, Romy, et al. Prevalence, patterns, and predictors of t'ai chi and qigong use in the United States: Results of a nationally representative survey [J]. Journal of Alternative And Complementary Medicine, 2016.

Lorge Peter. Practising martial arts versus studying martial arts[J]. The International Journal of the History of Sport, 2016.

Lu, Zhouxiang, Qi Zhang and Fan Hong. Projecting the "Chineseness": Nationalism, identity and Chinese martial arts films[J]. The International Journal of the History of Sport, 2014.

Nikitina, Larisa and Fumitaka Furuoka. "Dragon, Kung Fu and Jackie Chan": Stereotypes about China held by Malaysian students [J]. Trames-Journal of the Humanities and Social Sciences, 2013.

Partiková, Veronika and George Jennings. The Kung Fu Family: A metaphor of belonging across time and place[J]. Revista de Artes Marciales Asiaticas, 2018.

Su Xiaoyan. Reconstruction of Tradition: Modernity, Tourism and Shaolin Martial Arts in the Shaolin Scenic Area, China [J]. The International Journal of the

History of Sport, 2016.

Takacs, Jeff. A case of contagious legitimacy: Kinship, ritual and manipulation in Chinese martial arts societies [J]. Modern Asian Studies, 2003.

Theeboom, Marc, Dong Zhu, and Jikkemien Vertonghen. "Wushu belongs to the world". But the gold goes to China...: The international development of the Chinese martial arts [J]. International Review for the Sociology of Sport, 2017.

Wetzler, Sixt. Martial arts studies as kulturwissenschaft: A possible theoretical framework [J]. Martial Arts Studies, 2015.

White, Luke. A "narrow world, strewn with prohibitions": Chang Cheh's The Assassin and the 1967 Hong Kong riots [J]. Asian Cinema, 2015.

Cynarski, Wojciech Jan and Kazimierz Obodyński. Corporeality in Martial Arts Anthropology [J]. Human Movement, 2011.

Cynarski, Wojciech Jan. Moral values, and the people of the noble way of martial arts [J]. Ido Movement for Culture Journal of Martial Arts Anthropology, 2014.